[illegible]

Biblioteca de Derecho Privado en América Latina

Leonardo Pérez Gallardo
(Director)

Carlos Antonio Agurto Gonzáles
Sonia Lidia Quequejana Mamani
Benigno Choque Cuenca
(Coordinadores Generales)

CAMILO ALFONSO ESCOBAR MORA

Bases de la Teoría de Derecho Preventivo del Consumo en la Publicidad Digital

Edición al cuidado de
Carlos Antonio Agurto Gonzáles
Sonia Lidia Quequejana Mamani
Benigno Choque Cuenca

Ediciones Olejnik

Título: Bases de la Teoría de Derecho Preventivo del Consumo en la Publicidad Digital.

Edición: 2019

Ediciones Olejnik
Huérfanos 611, Santiago-Chile
E-mail: contacto@edicionesolejnik.com
Web site: http://www.edicionesolejnik.com

ISBN: 978-956-392-507-4

Diseño de carátula: Ena Zuñiga

Diagramación: Hayden Méndez, yiset_mendez@hotmail.com

Impreso en Argentina 2019 Printed in Argentina

Este libro es de aplicación universal (en cualquier Estado de Derecho).
Está dirigido a un público general (abogados y no abogados).

A mi familia

A los que crean, retroalimentan y/o aplican ideales
que hacen calidad de vida (válida –jurídicamente–).

Índice

EPÍGRAFE

Esta teoría es la forma de la validez (jurídica) a la medida del caso (del caso de publicidad digital empresarial).

EL AUTOR

Prólogo

El impacto de las tecnologías de la información se extiende a todas las actividades del ser humano, sin embargo, los ingentes esfuerzos por mantener a tono las instituciones jurídicas diseñadas en el siglo XIX y XX han sido insuficientes, debido a los radicales cambios que estas han producido en toda la sociedad.

Uno de los campos en que más evidente se ha hecho el cambio producido por la irrupción y uso generalizado de la tecnología es en los hábitos de consumo, con la consecuente tensión que se produce entre los nuevos fenómenos sociales y las normas creadas en su mayoría para conductas de consumo analógicas o concluidas por medios físicos.

En este orden de ideas, una de las actividades que mayor relevancia tiene en un acto de consumo es, sin lugar a duda, la publicidad, la cual ha sido objeto de diferentes estudios desde la perspectiva jurídica, económica y social, no obstante, el auge de la publicidad digital, su ausencia de fronteras y su especial selección de público objetivo es una fuente inagotable de posibilidades, pero a su vez de controversias.

Diferentes ramas del derecho han tratado de aportar soluciones a los retos que imponen las relaciones de consumo en la era digital y la publicidad llevada a cabo en este terreno, siendo la primea de ellas obviamente el Derecho del consumo, así como también el derecho de la empresa, y la protección de datos personales, entre otros, pero ninguna de estas disciplinas individualmente consideradas está en la capacidad de dar respuestas ajustadas a las necesidades y sobre todo al ritmo que se mueven las industrias y los actos de consumo digitales.

Bajo este panorama, la seguridad jurídica es una pieza fundamental para crear la confianza entre actores tan diversos como creadores de contenidos, empresas que pretenden vender sus productos o prestar sus servicios, agencias de publicidad, influenciadores y por supuesto, consumidores. Es por ello que uno de los medios más importantes para lograr dicha seguridad es la prevención de controversias, es de vital importancia para el correcto funcionamiento de los actos de consumo, publicidad y comercio en el entorno digital, pero debido a la naturaleza diversa de actores, controversias y de la gran cantidad de normas que deben ser analizadas y aplicadas, dicha labor es por decir lo menos titánica.

En efecto, la solución de controversias es uno de los lastres más significativos con que tiene que soportar un empresario o consumidor habitualmente, pero si las actividades desplegadas se encuentran en el entorno digital, su oportunidad, eficiencia y celeridad son factores fundamentales para el buen desarrollo e incluso supervivencia de los negocios en este medio.

El doctor Camilo Escobar gracias a su rigurosa formación jurídica y el énfasis que ha realizado en toda su trayectoria académica y profesional en las tecnologías de la información se ha dado la tarea, desde hace ya varios años, de estudiar a profundidad las vicisitudes de la publicidad en el entorno digital.

La "Teoría de Derecho Preventivo del Consumo en la Publicidad Digital" producto del profundo estudio realizado por el Dr. Escobar es una muestra de la amalgama de disciplinas necesarias para dar respuestas a los retos que la digitalización plantea y muestra de una forma magistral las respuestas que pueden aportar a dichos retos los medios tecnológicos en conjunción con la teoría del derecho.

Esta obra es no solamente de obligatoria consulta para todos aquellos relacionados con actividades de publicidad en el mundo digital, sino para todos los interesados en el papel que desempeña el derecho como una herramienta para la prevención de conflictos y controversias más que como una forma de solucionarlos.

Enhorabuena al autor por este riguroso trabajo de investigación que con toda seguridad aportará soluciones a un entorno vital para el desarrollo de las actividades humanas y estamos seguros de que la teoría aquí presentada servirá como referente a académicos y practicantes del derecho por igual.

Manuel Guerrero Gaitán Ph.D

1. INTRODUCCIÓN

En este capítulo se hace una contextualización respecto de en qué consiste la teoría (*la teoría de derecho preventivo del consumo en la publicidad digital*), cuál es el campo de acción de la teoría en la publicidad digital y cuál es su importancia.

Vale aclarar que todo está enfocado en la construcción colectiva de conocimiento, entonces el lector, con su experiencia y percepción propia de la vida, va a retroalimentar las premisas que se van comunicando (a la medida tanto de su ser como de los casos que va atendiendo).

El objetivo de esta obra es comunicar los elementos estructurales de *la teoría de derecho preventivo del consumo en la publicidad digital* para que se conozca y comprenda la forma de hacer publicidad digital empresarial (en esta obra la palabra empresarial significa lo relacionado con una empresa mercantil —comercial—) con validez, eficacia y seguridad jurídica.

El conocimiento sobre la validez jurídica de la publicidad digital empresarial no está claro. Muchas personas tienen la ilusión de comprensión o la ilusión de conocimiento de la validez jurídica de la publicidad digital empresarial porque conocen temas de protección al consumidor, temas de derecho aplicado en la empresa comercial (mercantil), conocen igualmente temas de protección de datos personales, etc., pero (realmente, a nivel general) no se conoce la forma de lograr la validez jurídica en la publicidad digital empresarial porque (realmente) es algo que va mucho más allá de la (simple —propiamente: de la concreta—) protección al consumidor o de la (simple —propiamente: de la concreta—) protección de datos personales.

Es todo un sistema que involucra variables (directas e indirectas) y (obviamente) cuando yo hago referencia a que no es tan simple como proteger al consumidor o como tratar los datos me refiero a la simpleza como en muchas ocasiones se abordan estos temas, en las que se entiende o en donde se entiende (en algunos contextos) que la protección al consumidor o la protección a los datos personales simplemente consiste en cumplir unos lineamientos consagrados en la norma. O en leer y aplicar directamente unos lineamientos consagrados en algunas normas. Esto no es así. Realmente esto no es así. Es realmente cómo creamos soluciones jurídicas a la medida de cada caso de publicidad digital para que esa publicidad sea válida.

Es algo mucho más allá de visiones cuadriculadas o netamente explícitas o concretas del cumplimiento del derecho. Es más una forma de cómo yo desarrollo metodologías para detectar y atender las variables jurídicas directas e indirectas presentes en la publicidad digital empresarial. Entonces, este tema realmente no se conoce. Por eso yo investigué este tema (lo llevo investigando ya hace varios años) y, por eso, creé *la teoría de derecho preventivo del consumo en la publicidad digital*.

¿Para qué sirve esta teoría? Para varios elementos (aspectos). En primer lugar, sirve para que el derecho se cree, fundamente, interprete y aplique a nivel preventivo en cada caso de publicidad digital. Por otro lado, sirve para que el consumidor conozca sus derechos y deberes en este campo. Realmente, el consumidor no tiene claros (tampoco tiene claros) sus derechos y sus deberes. Solo tiene claros algunos elementos. Además, en muchas ocasiones, solo se analiza el tema de la publicidad empresarial desde la visión o desde la variable de la publicidad engañosa. Y existen (muchos) más elementos (o algunos elementos más, según el caso) que los elementos concretos consagrados en alguna norma (por ejemplo: en un estatuto de protección al consumidor).

También sirve para que la empresa (empresa mercantil —comercial—) conozca, comprenda y aplique los fundamentos y las premisas para hacer, contratar o ajustar su publicidad digital válidamente. Igualmente, sirve para que cada ser humano conozca los derechos y los deberes en este campo, y aplique y exija esta visión preventiva en todos los campos. Es decir, existe (hay) un efecto extensivo de la teoría porque este tema del derecho preventivo, y propiamente esta teoría de derecho preventivo, puede aplicar en cualquier otro tema. Lo cual, además, es el ideal porque (esto) es lo que permite crear calidad de vida (válida —jurídicamente—). Precisamente, el último punto para el cual sirve esta (la) teoría es para crear calidad de vida.

La publicidad empresarial en medios digitales tiene particularidades a nivel jurídico. Para entenderlo tenemos que conocer en qué consiste el contexto actual en el que se desarrolla (la publicidad digital empresarial). Este contexto o este sistema (propiamente) se denomina el contexto de las tecnologías de la información y la comunicación (TIC). Las tecnologías de la información y la comunicación son cualquier tecnología que permita la creación (individual o simultánea) y la gestión (simultánea) de la información y la comunicación. Es decir, son cualquier tecnología que permita crear o gestionar información y comunicación.

En el estado del arte actual, dichas tecnologías son digitales. Por eso, nos enfocamos en la publicidad digital empresarial. Entonces, las TIC, las tecnologías de la información y la comunicación, son la unión de dos elementos. Que son, la informática, por un lado, y las telecomunicaciones, por el otro. La informática es la ciencia encargada de la gestión de la información. Bien sea una información presente en átomos o en bits. Es decir, en soportes o medios analógicos o digitales. Es cualquier información. Y, telecomunicaciones (telecomunicación) es la ciencia encargada de la comunicación de mensajes a la distancia. Actualmente, por medios digitales.

Las TIC son la unión de informática y telecomunicación. Por eso, para entender un sistema de publicidad digital empresarial hay que, entre otras, detectar sus variables de informática y de telecomunicaciones para poder crearle validez a dicha publicidad. Fijémonos, entonces, que la publicidad digital empresarial no solo hace referencia a la pieza o al contenido del mensaje sino a todo un sistema de variables (como les venía diciendo).

Entonces ¿cuáles son los elementos de un proyecto tecnológico de TIC? Por un lado, los seres humanos. Bien sea, los seres humanos que están relacionados o vinculados con la empresa, tanto interna como externamente, y/o los seres humanos que usan o interactúan con la empresa. Es decir, seres humanos que usan los proyectos de la empresa o que se relacionan con la empresa. A su vez, las organizaciones. Las organizaciones son todas las empresas comerciales y entidades, privadas o públicas, que no sean empresas, que tienen una relación directa o indirecta con el proyecto. Directa, como usuarios, como proveedores de algún servicio o como trabajadores, socios, etcétera. Indirecta, por ejemplo: como controladores o investigadores de lo que hace esa empresa (la empresa —comercial. Mercantil— responsable del proyecto de TIC).

Por otro lado, el *hardware*. Hace referencia a todos los componentes tangibles, físicos (propiamente: analógicos), del proyecto. Por ejemplo, las tarjetas de video, los discos duros, los periféricos (como pueden ser los teclados, las pantallas —es decir, los monitores—, entre otras, etc.). Y, el *software*. El *software* hace referencia a todo el sistema y conjunto de comandos y de algoritmos que permiten que un ser humano interactúe con un *hardware*. O sea, un *software* es el conjunto de instrucciones y de algoritmos que permiten que el ser humano le eleve comandos o solicite actividades al *hardware* y este (el *hardware*) entiende de qué se trata cada actividad a través del *software*.

En términos prácticos, el *software* es el puente comunicativo entre el ser humano y el *hardware*. Porque, el *software* es el conjunto de instrucciones que permiten que el ser humano comprenda qué funciones hace y que permiten que ese conjunto de instrucciones y de comandos sea también comprendido o conocido por el *hardware* y en ese sentido el *hardware* atienda dichas funciones. Es decir que el *software* es el conjunto de elementos que se (le) comunican de manera amigable a un ser humano para que este (ese) ser humano use las funciones que tenga dicho *software* (programa de computador). Y, como esos elementos están estructurados en un lenguaje matemático especial, permiten que, a la vez, el *hardware* entienda y atienda cada función que un ser humano le solicite al *software* a través de la interfaz comunicativa del medio comunicativo que tenga el *software* con el ser humano.

Ahora, otro elemento del proyecto son los contenidos digitales. Son todos los contenidos que se le comunican a un usuario del proyecto para que este los pueda percibir y comprender adecuadamente. Igualmente, las redes son un elemento del proyecto. Son todos los medios (actualmente digitales) que permiten que dos o más personas puedan comunicarse a la distancia. A su vez, se encuentran los productos. Los productos son todos los bienes y/o servicios que se gestionan al interior del proyecto.

Por su parte, tenemos como elementos la creación, ejecución y retroalimentación propia del proyecto. Es decir, existen tres fases relevantes para que el proyecto se pueda comunicar y pueda funcionar ante los usuarios. Por un lado, crearse. Crearse (creación) significa crear cada uno de sus componentes. Crear (incluido: definir) todo el grupo de seres humanos o detectar y configurar (incluido: definir) todo el grupo de seres humanos que van a actuar directa o indirectamente en el proyecto o a interactuar con este. Crear o adquirir válidamente el *hardware*. Crear o adquirir válidamente el *software*. Crear o adquirir válidamente los contenidos, las redes de telecomunicaciones (y demás elementos, según el caso) y los productos que se van a promover o a usar directa o indirectamente en el proyecto.

A la vez, ejecutar (ejecución). Que (todos) los elementos del proyecto funcionen bien. De manera (forma) individual y de manera (forma) articulada. Es decir, ejecutar significa que cada componente o elemento funcione bien y que, a la vez, como parte de su conjunto (del conjunto creado por la unión de todos los elementos), se articule o armonice bien con los demás elementos para que el producto final sea adecuado para el usuario. Por último, retroalimentar o retroalimentación. Significa que permanentemente tenemos que ir perfeccionando el proyecto para que siempre esté cerca o sea inclusive conforme o coincida con el ideal de calidad que le aplica.

Finalmente, como elemento del proyecto (de TIC), tenemos unos servicios o elementos complementarios. El soporte, el mantenimiento, la actualización y la mejora (del proyecto). El soporte es cualquier atención de peticiones, quejas y reclamos que haga un usuario, interno o externo, sobre el proyecto. Mantenimiento es la iniciativa directa que tiene la empresa que gestiona el proyecto para asegurar que todos sus elementos están adecuados. Actualización hace referencia a ir mejorando, desde el punto de vista de ir renovando las versiones del proyecto, para que (el proyecto) siempre esté de acuerdo al estado del arte que le aplique o, incluso, para que cree un nuevo estado del arte. Mejora son todos aquellos valores agregados que la empresa gestora del proyecto va incluyendo en el proyecto para que sea mejor la experiencia de (del) usuario.

Fijémonos que en un sistema de publicidad digital se involucran diferentes elementos. No solo se trata del mensaje. Se trata de todas las variables directas e indirectas que aseguran que la comunicación y la atención de dicha publicidad sea válida. Propiamente (que aseguran) que la creación, el funcionamiento, la comunicación y la atención de dicha publicidad sea válida.

Por eso, se debe partir de una visión sistémica del derecho y de las TIC. Es decir, hay que entender que las TIC son un sistema que se compone de diferentes elementos. Por un lado, las estructuras. Por otro lado, las funciones. Y, por otro lado, los sujetos. Las estructuras son todos los componentes o elementos del proyecto. Las funciones son las labores, actividades o efectos que causa cada elemento (cada estructura). Los sujetos son (todos) los seres humanos que interactúan o gestionan (directa o indirectamente) en el proyecto. Entonces, en cada caso se deben detectar las estructuras, las funciones, los sujetos y el sistema en su conjunto (sistema de publicidad digital) para asegurar que cada variable se atiende y que el sistema en su conjunto se encuentra armónico. Esto permitirá que la relación de la empresa con su publicidad sea válida.

Es decir, se deben detectar cada uno de estos elementos y se debe detectar en su conjunto como están convalidados dichos elementos para que en su conjunto y en cada una de sus partes se tenga la certeza de que es adecuado. ¿Desde el punto de vista jurídico qué significa adecuado? Que cumple con todas las normas que le apliquen (aplican) a cada una de sus partes y a su conjunto como tal, a la publicidad como tal; entendida como un conjunto —como un todo— (como el conjunto de sus variables —propiamente: como el ser creado por la unión formada por el conjunto de sus variables—).

Entonces ¿cómo aplica el derecho en las TIC? Es algo muy importante y que tampoco se conoce, generalmente. Aplica en virtud de un principio que se denomina equivalencia funcional. Este principio significa que existe una equivalencia de funciones entre el medio y el soporte analógico y (con) el medio y el soporte digital. El medio analógico es el medio, digamos que, tradicional (en átomos) —el medio digital es el medio en bits—. Entonces ¿qué significa que exista (existe) una equivalencia? Que las funciones de los elementos de un sistema no han cambiado tanto. A nivel ilustrativo, (por ejemplo) tenemos unas estructuras denominadas documento que pueden ser (que pueden soportarse en —que pueden tener la forma de—) papiros, papeles tradicionales o digitales y todas son equivalentes entre sí. Propiamente, tenemos diferentes clases de documentos que pueden ser papiros, papeles tradicionales o digitales y son equivalentes porque su función es equiparable —equivalente— (aunque no sea análoga —aunque su *modus operandi* sea diferente—).

Aunque su forma documental cambie su función sigue siendo la misma (su fondo sigue siendo el mismo en lo relacionado con su función documental). Es decir, su función sigue siendo la de un documento. Tanto el papiro como el documento en papel tradicional como el documento digital crean (constituyen) un derecho y/o un deber (según el caso) y/o declaran un derecho y/o un deber (según el caso). O sea, no ha cambiado la función. Y, el sujeto, a la vez, sigue siendo el mismo. Cualquier tipo de sujeto que interactúe con ese elemento (con esa estructura llamada en este ejemplo: documento). El sujeto siempre tiene que ser (siempre será) un creador, un emisor, un receptor, un intermediario, un interviniente o un controlador del documento (según el caso).

Así la estructura cambie en su forma no cambia en su función. En eso consiste la equivalencia funcional. Es decir que el mundo no ha cambiado tanto. Porque las funciones (estructurales) siguen siendo las mismas. Y, el derecho aplica según la función (incluido: según el efecto —jurídico— de la función) de cada elemento de la vida. Entonces, siempre habrá un derecho aplicable a cada —en cada— caso (a la medida del caso). Ese derecho (propiamente: el derecho) puede ser determinado (expresamente en alguna norma) o determinable (haciendo ejercicios metodológicos para detectar las variables del caso y saber qué normas le aplican).

Por eso, el mundo (realmente) no evoluciona de manera lineal (el pasado, el presente y el futuro no avanzan de forma lineal. El pasado, el presente y el futuro no pierden contacto. Tienen una equivalencia funcional). Evoluciona en espiral (porque cada tiempo y espacio de evolución siempre tiene un punto de contacto con el tiempo y espacio pasado —denominado equivalencia funcional—). Es decir, va avanzando un tema (propiamente: una estructura —o un conjunto de estructuras, según el caso—), pero su función estructural no cambia. Siempre existen puntos de contacto entre el pasado, el presente y el futuro de esa estructura. El punto de contacto es su función. Es el punto de contacto porque aunque su forma evolucione (en general: cambie) su función —estructural— es la misma (su función es equivalente).

Por ejemplo, el desarrollo de la estructura denominada documento. Antiguamente tenía la forma de un papiro, después evoluciona y tiene la forma de un papel tradicional y posteriormente evoluciona y tiene la forma de un documento digital —documento en un soporte y/o en un medio digital, según el caso—. Aunque la forma del documento evolucione (en general: cambie) su función es la misma (crear y/o declarar derechos y/o deberes, según el caso).

¿En qué consiste la visión de que el mundo no evoluciona linealmente sino en espiral? Esta es una premisa de la teoría (de *la teoría de derecho preventivo del consumo en la publicidad digital*). Consiste en que (como se manifestó previamente) siempre habrá un punto de contacto. O sea, la estructura va avanzando, pero siempre existe (hay) un punto de contacto. ¿Cuál es el punto de contacto? La función. Que no cambia. En eso consiste la equivalencia funcional. Así cambie la forma no cambia el fondo. Así cambie la forma de una estructura no cambia la función. Y, como el derecho aplica (procede) según las funciones (por ende: los efectos) que cause algo (que cause un ser —que un ser causa—) no existe una pérdida de aplicación o de vigencia del derecho en las TIC. Al contrario, todas las TIC se someten al derecho, según las funciones que tengan en cada caso (propiamente: cada caso en el que se involucren elementos de TIC, según el caso, se somete al derecho —a la medida del caso. Porque el derecho aplica a la medida del caso—).

Ahora, otros principios complementarios de aplicación del derecho en las TIC. Por un lado, el principio de prevalencia del derecho preexistente. Significa que (todas) las normas que existen previo al desarrollo de las TIC aplican plenamente (en las TIC). Por ejemplo, las normas sobre protección al consumidor o las normas sobre contratos (que tienen más años de existencia que las TIC). Por otro lado, el principio de (la) buena fe. Hay que (se debe) actuar de buena fe. Es decir, sin tener la intención de hacer (de causar un) daño o de incumplir un deber y/o lesionar un derecho. A su vez, el principio de (la) neutralidad tecnológica. Significa que el derecho aplica (procede) sin importar la clase de tecnología que esté involucrada (aunque aplica a la medida del caso). Es decir, el derecho aplica en (le aplica a) cualquier clase de TIC.

Igualmente, el principio de internacionalidad. Significa que si (cuando) el caso causa efectos en ámbitos internacionales, además de las normas nacionales, se debe cumplir con las normas internacionales y extranjeras que sean aplicables. Normas internacionales significa todas las normas que aplican en dos o más Estados u organismos internacionales. Normas extranjeras significa las normas de cada país (propiamente: Estado) externo (es decir: distinto al del Estado en el que está domiciliada o, en general, tiene vínculo jurídico principal la persona que debe cumplir esas normas) que esté involucrado (en el caso, según las variables del caso).

Finalmente, el principio de la neutralidad de la red. Hace referencia a que en cada proyecto se deben detectar los niveles de libertad y de control que existen según sus variables. Neutralidad de la red (realmente) es un concepto de telecomunicaciones que significa que no puede haber (pueden existir) controles abusivos sobre el viaje de los contenidos en las redes de comunicación. Pero, realmente el derecho no es neutral. El derecho se basa en la discrecionalidad. Es decir que el derecho siempre va a aplicar. Solo que (su aplicación —su procedencia—) depende del caso concreto. Entonces, (realmente) la neutralidad aquí sirve (es) para indicar que según las variables del caso habrá más libertad o más control en el gestionamiento de los mensajes al interior de un proyecto. Por ejemplo, si tenemos una aplicación digital sobre un jardín infantil hay (existe —debe existir—) más control porque hay (existen) datos personales de menores de edad. En cambio, si tenemos una plataforma para hablar del clima habrá (existe) más libertad porque los contenidos no tienen el mismo grado de sensibilidad. Salvo que en un caso concreto (propiamente: en un caso) se demuestre lo contrario.

Como nos damos cuenta, en un sistema son relevantes y determinantes todos sus elementos. Tanto las estructuras, como sus funciones, como los sujetos, como el contexto y como el entorno involucrado. Todos los elementos son importantes. Lo que pasa es que se deben armonizar muy bien (armonizar) en cada caso para que el conjunto y el producto final sea válido. Propiamente, para que tanto cada una de sus partes o elementos como el todo sea válido.

El mundo no ha cambiado tanto. Cambia el *modus operandi*, pero no cambia el trasfondo de las cosas y las normas siguen aplicando según las funciones que tenga cada caso. Como reflexión particular, en el estado del arte actual de las TIC hay (existe) convergencia tecnológica (porque un sistema involucra múltiples tecnologías, funciones, estructuras, elementos, etc., según el caso) y también hay (existe) convergencia jurídica (porque en cada caso hay múltiples normas que aplican. Por ejemplo: existen normas de protección al consumidor, normas de protección y promoción de la empresa, normas de carácter nacional, de carácter extranjero, de carácter internacional, normas de seguridad de la información, normas de telecomunicaciones, normas de propiedad intelectual, normas de contratos, normas de calidad de los productos, etc.). El tema es sistemático. No es un tema concreto. Es un tema complejo. Pero, la idea es que si hacemos bien el trabajo (si se es diligente), si usamos una adecuada metodología para detectarlo y atender las variables, el producto final será muy simple (será simple) de cara al consumidor.

Ahora ¿cuáles son las formas de gestionar las TIC? Hay (existen) dos formas principales. Por un lado, por (según) el modelo de relación humana que exista. Esto se subdivide en dos partes (propiamente: esta forma se puede manifestar de dos formas). La primera (forma), es cuando la relación se forma por medio de las TIC, pero sus efectos se atienden por fuera de las TIC. Aquí, las TIC sirven de medio, pero no de fin en sí mismo. Porque, sirven de punto de contacto, pero (después) los efectos se atienden por fuera. Por ejemplo, una plataforma en la cual se ofrezcan vehículos. Las personas se ponen en contacto por ese medio, pero (después) a nivel presencial se observa el vehículo y si las partes están de acuerdo se formaliza el contrato y se cumple el contrato. La segunda (forma de gestionar las TIC por el modelo de relación humana que exista) es cuando la relación se forma por medio de las TIC y sus efectos (también) se atienden en las TIC. Sus efectos se atienden dentro de las TIC. Por ejemplo, una plataforma que ofrezca contenidos digitales musicales. La persona se relaciona con la empresa a nivel digital, pero también adquiere, e, incluso, consume, el producto a nivel digital.

La segunda forma de gestionar las TIC es por (según) el perfil de las personas involucradas (en la relación —jurídica. Extracontractual y/o contractual, según el caso—). Las personas pueden ser tanto individuos como organizaciones. Esta forma (por el perfil de las personas involucradas) se divide o clasifica de la siguiente manera: 1) La relación puede ser de una empresa (mercantil —comercial—) a otra empresa (mercantil —comercial—); o 2) De una empresa (mercantil —comercial—) a un consumidor; o 3) De una empresa (mercantil —comercial—) a una persona del sector público; o 4) De una persona civil a otra persona civil (es decir: sujetos que no son ni —una— empresa, ni personal del sector público, ni consumidores —la persona civil que se relaciona con otra persona civil no es un consumidor desde la visión del derecho del consumo, también denominado derecho de consumo. En ese régimen jurídico, en esa área del derecho, el consumidor solo es la persona, física —natural— o moral —jurídica—, que forma una relación con una empresa mercantil, comercial, y que no es profesional en el mercado de esa empresa. Por eso, en esa área jurídica solo es consumidor la persona que tiene, que cumple las condiciones de, ese perfil jurídico—); o 5) De una persona civil a una persona del sector público; o, finalmente, 6) De una persona del sector público a una persona del sector público.

Según el perfil que tenga cada extremo de la relación (jurídica —extracontractual y/o contractual, según el caso—) serán las (habrán unas) normas aplicables. Por ejemplo, cuando la relación es de una empresa a otra empresa se presume (a nivel jurídico) que son dos sujetos (personas) profesionales y, por ende, tienen más libertad para determinar (autorregular) las normas que van a regir su relación. En cambio, si la relación es de una empresa a un consumidor hay (existen) más límites. Porque (a nivel jurídico —jurídicamente—), se presume que el consumidor es un sujeto débil que no es profesional en el mercado de la (de esa) empresa. Aquí, es importante aclarar que, desde el punto de vista jurídico, una empresa puede ser consumidora de otra empresa. Cuando una empresa no es profesional en el mercado de la otra empresa con la que forma la relación (de la empresa con la que forma la relación) esa (primera) empresa tiene el perfil jurídico de consumidor (es consumidora ante la otra empresa).

Y, la teoría del derecho del consumo (derecho de consumo) —propiamente: el régimen del derecho del consumo. El régimen del derecho de consumo— aplica a (en) cualquier tipo (clase) de consumidor (consumidor entendido como la persona, física —natural— o moral —jurídica—, que forma una relación jurídica con una empresa mercantil —comercial—). Por ende, esta teoría (*la teoría de derecho preventivo del consumo en la publicidad digital*) aplica a (en) cualquier clase de consumidor. Esto amplía la visión (abre la mente —propiamente: aclara el campo de acción—) porque (en) muchas empresas piensan (consideran) que el derecho del consumo (derecho de consumo) no les aplica porque sus ofertas son para otras empresas. Entonces (en cada caso —en el caso—), hay que (se debe ser diligente —bajo la diligencia que le aplica al perfil jurídico que tenga la persona en el caso— en) confirmar si realmente tienen el perfil jurídico de empresas o si tienen el perfil jurídico de consumidores.

Otro elemento clave, el principio de humanización de las TIC. Significa que tanto enfrente como detrás de las TIC hay (existen) seres humanos con derechos y deberes (según el caso) relacionados con una o con diversas variables, extracontractuales o contractuales, de las TIC. Es decir, no es procedente (es falaz) esa (la) visión (propiamente: no existe la realidad) de despersonalización de las TIC. Al contrario, detrás de cualquier proyecto de TIC hay (existen) seres humanos con deberes y derechos. Por ende, siempre hay (existe) un derecho aplicable (es decir, siempre existen unas normas que le aplican —según el caso, en el caso y a la medida del caso—). Esto también permite aclarar que realmente no existe el ciberespacio (jurídicamente). ¿Por qué no existe? Porque siempre hay (existe) un entorno territorial y un sujeto (ser) humano que está enfrente y/o detrás de las TIC. Por lo tanto, como el derecho aplica según los hechos de cada caso (según los hechos del caso) siempre habrá una norma o un conjunto de normas aplicables al mismo.

Siempre existen fuentes jurídicas aplicables al caso. Estas (esas) fuentes jurídicas pueden ser determinadas (cuando están establecidas por normas y por hechos explícitos, directos, claros) o determinables (cuando no existe una norma explícita que indique: en caso de esto ocurrirá esto o se someterá a esto, cuando no existe eso, pero a través de una visión integral del derecho y de los hechos podemos establecer qué normas aplican —las normas que aplican—. Por ejemplo, en el caso de una plataforma digital novedosa sobre la que no haya —no exista— una norma explícita. No existe una norma explícita, pero sí hay —sí existen— normas, sobre derechos y deberes, relacionadas con su campo de acción —a nivel ilustrativo, normas sobre diligencia empresarial—. Y, como se ha señalado, no tiene que haber —no tiene que existir— una norma explícita sobre esa plataforma, porque siempre existe equivalencia funcional con base en las funciones y efectos que existan en el caso. De ahí —de esa equivalencia— se determinan las normas que le aplican —por medio de la definición de los puntos de contacto entre esas equivalencias y el campo de acción de cada norma aplicable en —a— cada equivalencia y/o en —a— la equivalencia definitiva —integral. Propiamente: a la equivalencia, total— creada por el conjunto de las equivalencias del caso entendido como un todo—). Entonces, así las normas que le aplican al caso no estén determinadas si son determinables.

¿Cómo aplica el derecho del consumo (derecho de consumo) en la publicidad digital empresarial? Mediante la interpretación y aplicación del derecho según los hechos. Por eso, si se conocen (propiamente: si se tiene claridad acerca de —claridad de. Claridad sobre—) los elementos del proyecto (en general: los hechos del caso denominado proyecto) —es decir: si se conoce cada variable y todas las variables de cada elemento y de todos los elementos como un conjunto, denominado proyecto— se conocen las normas que le aplican a cada elemento y al proyecto como tal. Por eso, se debe ser diligente en conocer (incluido: detectar) y atender cada variable y el conjunto de variables (el todo) del proyecto. Aquí nos damos cuenta de algunas variables. ¿Qué hechos puede haber (pueden existir)? El territorio. El mercado territorial de la empresa define las normas que le aplican a (en) ese territorio. El mercado de producto. La clase de producto define el tipo de normas generales y especiales que le aplican a ese producto. La clase de modelo de negocio. La forma de funcionamiento del negocio (del modelo de negocio) sirve para saber (detectar) qué variables tiene y qué normas le aplican a cada variable y al conjunto de variables de esa forma de funcionamiento.

A la vez, debo determinar la clase de modelo de gestión. Por ejemplo, si funciona plenamente en línea o, si como se ha explicado, si tiene alguna parte en línea y otra parte presencial, etcétera, si tiene proveedores o si todo está asumido directamente por trabajadores, si tiene aliados, etcétera. Igualmente, el perfil de los usuarios. El tipo de perfil de usuarios (internos y externos) sirve para saber qué normas aplican (en cada caso). Ya sabemos que si las relaciones son, por ejemplo, de una empresa a otra empresa aplican normas empresariales. En cambio, si es de una empresa a un consumidor aplican tanto normas empresariales como normas del (de) derecho del consumo (derecho de consumo).

Aquí debemos hacer una precisión. ¿Qué significa (el) derecho del consumo (derecho de consumo)? Es el derecho que aplica en las relaciones (jurídicas) en las que una parte es un consumidor. Derecho del consumo no es sinónimo de protección al consumidor. Es sinónimo de las normas que le aplican a la relación (que aplican en la relación) entre una empresa y un consumidor (relación que en el derecho del consumo —derecho de consumo— se denomina: relación de consumo). Lo cual es muy importante. Porque, en definitiva, lo relevante es la validez (jurídica) de la relación entre la empresa y el consumidor. No es la protección radical ni de (a) la empresa ni del (al) consumidor. Es la armonía de deberes y derechos en el caso.

Por eso, el derecho aplica según los hechos. Y ¿cómo aplica el derecho preventivo en los medios digitales? Primero, debemos establecer que el derecho preventivo consiste en que cada caso tenga validez. ¿Cómo logra la validez? Mediante la detección y armonización de cada una de las variables que tenga el caso y de la correspondencia de esas variables con las normas que les aplican. Entonces ¿cómo aplica el derecho preventivo en los medios digitales? Detectando y atendiendo el campo de acción y los efectos de cada proyecto y, según las variables que se detectan, se establecerán las normas que aplican y se diseñarán y aplicarán soluciones jurídicas a la medida.

El siguiente mensaje ilustrativo permite reunir las premisas expresadas previamente: ¿qué es lo que se debe hacer? Se debe aterrizar el derecho a la medida de las variables de cada proyecto de TIC. Es decir que el abogado, y la humanidad en general, debe desarrollar competencias y habilidades para atender estos fenómenos. Pero, no debe replantearlo todo. Debe hacer un embudo a la medida del caso. Debe detectar qué hechos tiene el caso para establecer qué derecho general le aplica, qué derecho especial le aplica y, en esa medida, cuando armoniza las variables del caso con las normas generales y especiales que le aplican obtiene (hace —crea—) derecho preventivo en el caso. O sea, debe detectar los hechos del caso y las normas que le aplican y diseñar (y aplicar) soluciones para atender armónicamente esos hechos y esas normas que le aplican y lograr, en últimas, una autorregulación válida porque es conforme con las normas que le aplican y es a la medida del caso.

Entonces ¿en qué consiste *la teoría de derecho preventivo del consumo en la publicidad digital*? Consiste en detectar y armonizar lo siguiente: la forma de creación, funcionamiento, comunicación y atención de la publicidad digital empresarial, la naturaleza del producto que se promueve (directa o indirectamente) en la publicidad y los derechos y deberes del consumidor y de la empresa (o sea, los derechos y deberes que tenga el consumidor y la empresa en ese caso). Si yo detecto y armonizo (todo) esto obtengo una publicidad digital empresarial válida gracias a esta (a la) teoría.

Cuando se hace referencia a la naturaleza del producto es algo muy importante. Porque, el producto es un género jurídico. Es una categoría macro a nivel jurídico. Pero, el producto (como género —jurídico—) se divide en dos clases. Tiene dos clases. Existen dos clases de productos. Bienes y servicios. Bienes son los productos que se entregan (que se crean y se entregan) —propiamente: que se entregan— instantáneamente. Servicios son los productos que se entregan de manera mucho más indeterminada y pueden suministrarse o entregarse de manera instantánea o de manera continua (en el tiempo). Y, más aún, los bienes son más perceptibles por los sentidos. Son más (inclusive) tangibles. Mientras que los servicios pueden ser tanto tangibles como intangibles.

Por ejemplo, un concepto legal (propiamente: un concepto jurídico —porque es un documento que se enfoca en un objeto jurídico. No solo legal. No solo se enfoca en la Ley. Se enfoca en las fuentes jurídicas relacionadas con el objeto que tenga el concepto. Es un documento transversal—) tiene elementos tangibles (como el documento donde se presenta), pero también tiene elementos intangibles porque también se está prestando un servicio de (creación y/o armonización y transmisión de) conocimiento. Es decir, un concepto legal (concepto jurídico), por ejemplo, tiene tanto el bien que se denomina el concepto propiamente dicho (el documento y lo que contiene) como el servicio de todo lo que está detrás para haber hecho ese bien (la investigación, el análisis, la reflexión y la creación de los elementos para hacer este concepto).

Entonces, muchas empresas (realmente) no conocen la naturaleza jurídica de sus productos. Y, cuando van a comunicar las cosas en una publicidad las van a comunicar inválidamente. Porque, sino no se conocen las cosas no se pueden atender. Por eso, es muy importante conocer (también) la naturaleza del producto. Propiamente, es determinante conocer y atender la naturaleza jurídica del producto.

Se presenta la siguiente reflexión: sin axiomas no hay teoremas. ¿Qué son los axiomas? Son todos los elementos estructurales del derecho. Es decir, todos los elementos que permiten indicar las bases jurídicas para atender cada caso. Son todos aquellos elementos que (realmente) significan derecho. Todo lo que realmente no signifique (significa) derecho no es estructural. Es decir, son los cimientos y las estructuras del derecho. Estos (esos) son los axiomas. Las bases del derecho. Por ejemplo, la buena fe. Es un axioma determinante en el derecho. Nada puede hacerse válidamente sin buena fe. Entonces, lo estructural en el derecho es todo lo que es necesario y que siempre está presente en el derecho. Según las variables de cada caso (del caso) habrá unos u otros axiomas que le aplican. Los hechos (del caso) indican los axiomas aplicables. Pero, de todas maneras, desde el (un) punto de vista general cualquier tipo de hecho se somete a todos los axiomas estructurales del derecho. Porque, cualquier tipo de hecho debe ser válido jurídicamente.

Como ejemplo, la inteligencia artificial. Puede haber (pueden existir) muchos avances innovadores en inteligencia artificial. Pero, cualquier tipo de inteligencia artificial, en términos jurídicos, es un producto. Bien sea un bien, un servicio o un producto que involucre bienes y a la vez servicios. En este caso, esa (la) inteligencia artificial debe someterse a todos los axiomas jurídicos. Debe asegurar (la empresa responsable jurídicamente de la inteligencia artificial debe asegurar) que todos los axiomas jurídicos son atendidos válidamente.

Ahora ¿qué significa un teorema? Un teorema es la fórmula que uno o varios seres humanos crean y/o aplican para atender los axiomas en el caso. Por ejemplo, un modelo de autorregulación para hacer publicidad digital empresarial válida. Entonces ¿cuándo un teorema es válido? Cuando atiende los axiomas que le aplican al caso. ¿Cuándo un teorema es inválido? Cuando no atiende los axiomas que le aplican al caso. En este segundo evento se hace referencia a la autorregulación abusiva o al abuso del derecho. Por ejemplo, los términos y condiciones de uso de una plataforma digital que no tienen en cuenta las normas que le aplican a los diferentes hechos (elementos —propiamente: a las diferentes variables—) que tiene el proyecto sino que de manera arbitraria protegen radicalmente a la empresa y desconocen los derechos del consumidor. Son teoremas inválidos. Son falacias (vicios —desde la visión jurídica—). Por eso, la idea del derecho preventivo es hacer validez. Es hacer el caso válido. El derecho preventivo (derecho preventivo) son teoremas a la medida del caso para cumplir los axiomas (jurídicos) que le aplican al caso.

Y ¿cuáles son las normas principales que aplican en la publicidad digital empresarial? Por un lado, la Constitución Política (de cada Estado involucrado en el caso). La norma base. Por otro lado, las leyes generales y especiales. A su vez, la regulación sectorial (según el tipo de producto, de modelo de negocio y de modelo de gestión que esté involucrado). Igualmente, los principios generales del derecho (como la buena fe, la diligencia, el debido proceso). Por su parte, las sentencias judiciales y los fallos administrativos (o sea, las decisiones de las autoridades administrativas) —hay que tener en cuenta, propiamente: se deben tener en cuenta, las sentencias y los fallos (en general: las providencias —la jurisprudencia—) relacionados, directa e indirectamente, con la publicidad que se está haciendo para conocer los referentes que existen—.

De otra parte, las normas extranjeras y/o las normas internacionales (según el caso). Igualmente, la doctrina (es decir, los puntos de vista de gente idónea en el campo de acción involucrado). También, las reglas de la lógica, las reglas de la argumentación y, en general, fuentes auxiliares idóneas (por ejemplo: las medidas técnicas. Una media técnica puede ser el que un proyecto cumpla las normas técnicas de seguridad de la información de la Organización Internacional de Normalización —en inglés: International Organization for Standardization, ISO—). A su vez, la autorregulación. La autorregulación (válida —solo existe autorregulación si es válida—) es una norma aplicable en la publicidad digital empresarial. La autorregulación es una norma aplicable cuando es válida. Como ya aprendimos, la autorregulación válida es la que atiende los axiomas (jurídicos) aplicables al (en el) caso. Y, finalmente, los casos concretos (los casos —cada caso. El caso—). El caso concreto es una norma en sí misma. Porque ya aprendimos que los hechos indican el derecho que les aplica. Entonces, el caso en sí mismo, la (su) realidad material, establece qué normas le aplican (por eso, los hechos son una fuente de derecho —del derecho—).

En este punto, tenemos que abordar metodológicamente unas variables que resultan relevantes para que se pueda atender válidamente cada axioma aplicable al caso. Esto hace referencia a analizar la interpretación, la argumentación y la aplicación del derecho. En definitiva, estos puntos de interpretación, argumentación y aplicación del derecho significan la fundamentación del derecho (en cuanto a su interpretación, argumentación y aplicación). Se debe tener en cuenta que en el derecho existen dos clases de normas: 1) Normas de textura abierta; y 2) Normas de textura cerrada.

Las normas de textura abierta son todas las que contienen premisas y consecuencias altamente abstractas (por ejemplo, las normas de las constituciones políticas. Establecen lineamientos transversales abiertos sin encasillarse en hechos delimitados o precisos —a nivel ilustrativo, el concepto de igualdad de una norma de textura abierta establece que todos los seres humanos son iguales ante la Ley. Es abierto. No precisa nada). Por su parte, las normas de textura cerrada hacen referencia al concepto de silogismo o de normas delimitadas (de cierta forma). Son las normas en las que (en donde) las premisas jurídicas y las consecuencias de las mismas están delimitadas de manera clara y precisa (por ejemplo, en el caso de la responsabilidad civil extracontractual por los hechos de los animales. Quien tenga a un animal bajo su responsabilidad jurídica, hecho uno, que cause un daño, hecho dos, deberá —debe— responder. La consecuencia jurídica es que el responsable jurídico en relación al animal debe responder cuando este cause —causa— un daño).

En materia de publicidad aplican o están presentes los dos tipos de normas. Tanto de textura abierta como de textura cerrada. De ahí la importancia de la metodología (como una forma) para poder armonizar todo esto. Para armonizar (todo) esto hay que (se debe) tener (una) metodología. La metodología necesaria se define en el caso (en cada caso). Es la que haga esa armonía. En definitiva, se debe ser diligente en definir y aplicar una metodología a la medida del caso. Entonces, se debe tener una metodología para: 1) Detectar las variables; 2) Detectar las normas que le aplican; y 3) Detectar la forma en que se van a cumplir las normas (porque, como se ha indicado, las normas no siempre están delimitadas. Pueden ser abiertas, cerradas o mixtas. Por eso, hay que —se debe— establecer la forma de cumplir cada norma y la forma de lograr que el modelo de autorregulación final atienda armónicamente tanto las normas de textura abierta como las de textura cerrada). En eso consiste el derecho preventivo. En que el producto final, en este caso en que la publicidad digital empresarial, sea armónico (armónica) con los hechos y las normas del caso.

A su vez, existen normas de interpretación concreta y de interpretación extensiva (extensa). En definitiva, tienen que ver con la premisa que acabamos de analizar. Con la visión de normas de textura abierta y cerrada. La interpretación concreta es cuando aplica la subsunción. ¿Qué es la subsunción? Es cuando el hecho se somete directamente a la consecuencia jurídica que le aplica. Entonces, retomando el ejemplo del animal, cuando el animal cause (causa) un daño la consecuencia (jurídica) es que el responsable jurídico en relación al animal responderá (responde) por el daño.

Pero, hay (existen) otros casos donde (en los que) aplica la interpretación (y la correspondiente aplicación) extensiva de la norma. Se presenta cuando la norma es inexacta. Por ejemplo, en materia de publicidad. Existen normas que promueven la libertad de empresa (para hacer, entre otras, publicidad —para hacer varias cosas, entre otras publicidad—). Pero, algunas de esas normas son de interpretación extensiva. Porque, no se sabe —a nivel general— (no se conoce —no existe certeza sobre—) cuál es el límite para hacer publicidad. Salvo cuando existen normas concretas para prohibir o condicionar ciertas clases de publicidad. Por ejemplo, la publicidad de (del —sobre. Acerca del. Que promueve el—) tabaco. En algunos países está condicionada o prohibida.

Fijémonos que hay (existen) muchas normas extensivas en este tema. Por eso, se deben detectar y armonizar (diligentemente). Porque, como el derecho se debe interpretar y aplicar —en general: fundamentar— en su conjunto, la interpretación y aplicación armónica de todas las normas aplicables en el caso define el límite de la libertad para hacer la —una forma específica de— publicidad (en general: define la forma de hacer una publicidad válida —la publicidad válida—. Así se pueden atender (cumplir) válidamente. Válidamente significa conforme al derecho. A los elementos estructurales del derecho. Conforme a los axiomas jurídicos que aplican en el caso.

Aquí nos tenemos que adentrar en dos elementos importantes para la fundamentación del derecho: la forma y el fondo. La forma hace referencia a la manera en que algo se debe hacer para que sea válido jurídicamente. Hay (existen) algunas normas que indican la manera en que se debe hacer algo para que sea válido. Por ejemplo, en algunos casos la compraventa de inmuebles tiene una forma definida para que sea válida (la forma del contrato, la forma de oficializarla en las entidades públicas competentes, etc.). El fondo hace referencia a los elementos sustanciales del derecho que deben estar presentes según los hechos. Hay (existen) algunos casos donde (en los que) el fondo está definido. En otros casos, no está definido directamente o de manera exacta o delimitada (un ejemplo del fondo, en materia de publicidad, es el caso de los deberes de información. En algunos casos se indica el tipo de información que debe estar presente en una publicidad, pero en otros casos no se indica qué tipo de información debe estar presente —o no se indica, incluso, si debe estar presente información en la publicidad—).

Entonces, si no analizamos en su conjunto los hechos y el derecho nunca sabremos cómo atender la forma y el fondo. En eso consiste la teoría. En que si hacemos el embudo sí sabremos cómo atender la forma y el fondo y, por ende, sabremos cómo lograr validez (jurídica) y obtendremos validez jurídica. Esto se relaciona con lo formal y lo material. Lo formal hace referencia a (todas) las solemnidades que se deben cumplir para que algo sea válido. Lo material hace referencia a que, como ya lo dijimos, los hechos son los que indican qué derecho le aplica (propiamente: qué normas le aplican) a esos hechos. Por eso, la forma y el fondo dependen, también, de lo formal y lo material que aplica en el caso.

A la vez, se debe tener en cuenta que hay (existen) unos elementos en las relaciones jurídicas. Hay (existen) elementos esenciales, naturales y accidentales. ¿Cuáles son los elementos esenciales de una relación jurídica? Son los elementos sin los cuales no podría existir (por ejemplo, en el caso de la publicidad, un elemento esencial es la comunicación. Si no hay comunicación no hay publicidad). ¿Cuáles son los elementos naturales de una relación jurídica? Son los elementos sin los cuales la cosa se degenera en otra cosa o sin los cuales la cosa no es (realmente) de la naturaleza que se desea (por ejemplo, en materia de publicidad, si la publicidad tiene una forma específica que se llama oferta, donde tenemos como tal la invitación de —a— celebrar un negocio, un elemento natural de esa oferta es que se describa muy bien el producto, que se indique el precio exacto, etcétera).

Los elementos naturales son los elementos que de no estar (de no existir —de no presentarse—) hacen que la cosa degenere en otra cosa. O, también, según cada situación, hacen referencia a los elementos que aunque no se incluyan (incluyen) en el caso se entiendan (entienden) incluidos (por ejemplo, así en esa oferta no se indique la garantía sobre el —del. Para el— producto aplicará, de manera supletiva, por falta de haber indicado las cosas —es decir: por omisión—, la garantía mínima legal que aplique en el respectivo país —aclarándose que: si se hubiera indicado la garantía solo es válida si tiene condiciones iguales o superiores a las establecidas en la garantía mínima legal del ordenamiento jurídico del Estado involucrado en el caso. Porque, la regla general es que en la relación jurídica entre la empresa y el consumidor todo debe ser de la forma más favorable para el consumidor. Salvo que en un caso aplique una regla especial para hacer que los derechos y deberes de la empresa y del consumidor sean efectivos, es decir: para hacer que tengan una forma eficiente y eficaz en el caso—).

Y ¿Cuáles son los elementos accidentales de una relación jurídica? Hacen referencia a todos los elementos adicionales que las partes o una de las partes (que ambas partes o una de las partes) incluya en la relación jurídica (por ejemplo, incluir en la publicidad una garantía extendida sobre un producto —es decir, una garantía que va más allá de la garantía mínima legal que aplique en el respectivo país—). Entonces, también hay que detectar qué elementos esenciales, naturales y accidentales (propiamente: se deben detectar los elementos esenciales, naturales y accidentales que) tiene tanto el modelo negocio, como el producto promovido, como el modelo de gestión, como el sistema de publicidad digital que voy a crear, comunicar y atender.

Por su parte, existen unos requisitos jurídicos que están presentes en las relaciones humanas. Por un lado, los requisitos *ad-substantiam actus*. Son los requisitos sustanciales que deben cumplirse en cada relación jurídica, según los hechos. Esto hace referencia a los elementos de fondo o a los axiomas (jurídicos). Por ejemplo, un elemento sustancial de la relación de consumo en el campo de la publicidad es que a más tardar (salvo que en un caso una norma aplicable establezca un tiempo y/o espacio —es decir: una forma— específica) en el momento en el que el consumidor adquiere el producto conozca la información de dicho producto. Porque, si a más tardar en ese momento no la conoce va a adquirir un producto que (realmente) no comprendió y que (realmente) no acepta (ya que su consentimiento está viciado por la falta —ausencia— de los elementos de juicio necesarios para que su decisión sea válida —jurídicamente—). Porque, si algo (si un ser) no se comprende no se puede aceptar (válidamente —jurídicamente—).

Otros requisitos, *ad-solemnitatem*. Hacen que referencia a los elementos de forma. Significan las solemnidades que se deben cumplir para que la relación jurídica produzca los efectos deseados. En el sector privado, la regla general es que todo lo que no está prohibido está permitido. Por eso, en el sector privado (y propiamente en la actividad de la empresa —mercantil. Comercial—) los requisitos *ad-solemnitatem* son excepcionales. Salvo en algunos casos. Por regla general, hay (existe) libertad para hacer publicidad. Por supuesto, con el límite de asegurar que se cumplen las normas que le apliquen, según los hechos de la respectiva publicidad. Pero, en casos especiales (por ejemplo, en la publicidad dirigida a menores de edad) existen solemnidades que se deben cumplir. Inclusive, según el medio de comunicación empleado, hay (existen) franjas de comunicación que hay que (que se deben) respetar (franjas de contenidos).

Una última clase de este grupo de requisitos son los (requisitos) *ad-probationem*. Hacen referencia a los requisitos que se exigen para que la relación jurídica se pueda probar válidamente. Entonces, en materia de publicidad digital se deben tener las pruebas sobre la creación, el funcionamiento, la comunicación y la atención válida de la publicidad digital. Por ello, se deben tener pruebas sobre la idoneidad del sistema de seguridad de la información. Para que toda la comunicación que se hace de la publicidad tenga (plena) certeza de que no se altera (alteró) y de que (realmente) si se envía (envió) y si se recibe (recibió) por los sujetos involucrados válidamente, etcétera. Las pruebas son determinantes en este tema.

Ahora ¿qué medios de exigencia de cumplimiento del derecho tenemos? Por un lado, las funciones de (la) policía administrativa. Son las funciones que tienen las autoridades públicas que cumplen funciones de administración del Estado. Esas funciones pueden ser tanto preventivas como correctivas. Las preventivas (jurídicamente) se denominan *ex-ante* y las correctivas se denominan *ex-post*. Las preventivas son en las que (son cuando —se presentan cuando—) una autoridad administrativa indica en una norma los parámetros que debe cumplir algo (para ser válido —jurídicamente— en relación al objeto de esa norma). Por ejemplo, las normas de (la —sobre la—) calidad que debe tener determinado producto. Los elementos o indicadores de calidad que debe cumplir determinado producto.

Las correctivas son en las que (son cuando —se presentan cuando—) se detecta, por parte de esa autoridad, que alguien no ha cumplido la norma. Lo investigan y (de ser procedente) lo sancionan. Se investiga y se sanciona. Aquí, la forma de exigir el cumplimiento del derecho es correctiva. Porque, ya se incumplió el derecho. Pero, se está buscando (se busca —se pretende—) que se corrija la situación (que la situación se corrija) indicando que se ajuste la (esa) conducta. Que la conducta se ajuste de una forma que sea amónica con las normas que le aplican. Además, se le ordena a la persona que asuma unas sanciones y, en general, implicaciones (según el caso).

Por otro lado, las funciones jurisdiccionales. Son todas las actividades judiciales en las cuales se resuelven demandas ante estos organismos (ante organismos judiciales). Con el (en el —dentro del—) fallo judicial se emiten diferentes elementos que pueden ser condenas de indemnización de los daños y, en general, el establecimiento de obligaciones a cargo de la persona que incurrió en una conducta inválida (por ejemplo, ordenarle que le pida perdón a la persona afectada).

De otra parte, tenemos los métodos alternativos de solución de controversias. Son mecanismos por medio de los cuales las partes (voluntariamente) pueden resolver sus controversias de manera más directa y a (en) un corto plazo. Por ejemplo, la conciliación. O, el arbitraje. Aquí (también) existe una visión (y una función) correctiva. Porque, ya se causó (ya se ha causado) el (un) daño. Pero, se busca solucionarlo de la manera más directa y más agradable (y, si se puede, favorable) que sea posible para (y por) las partes.

Finalmente, la autorregulación. Es una forma de exigir el cumplimiento del derecho. Porque, como se ha explicado, si la autorregulación es válida se está cumpliendo (se cumple) el derecho. Y, esa autorregulación, a la vez, es una forma de exigir el cumplimiento del derecho ante las personas que usen el modelo (de autorregulación). Porque, es una forma de indicar y obligar a que para relacionarse con el (un) elemento (con el elemento que está sujeto —que se sujeta— a —que se gobierna por medio de. Que se rige por medio de. Que se somete a— esa autorregulación) se debe ser cumplir con ese modelo (se debe cumplir con esa autorregulación —válida—).

Como nos damos cuenta, el derecho correctivo como medio de eficacia del derecho en las TIC es tardío. Porque, aplica una vez se ha causado la lesión de un derecho y/o un daño. No es un medio de eficacia del derecho. Ya que cuando se causa un daño o se lesiona un derecho el derecho deja de ser eficaz, deja de ser efectivo (es decir: eficiente y eficaz). Por eso, aunque (en algunos contextos) se contemplen dos medios de eficacia del derecho en las TIC (el derecho correctivo y el derecho preventivo) la única forma de hacer eficacia jurídica (en las TIC y fuera de las TIC —en cualquier contexto—) es haciendo el caso válido (por medio del derecho preventivo).

¿Cuál es la visión tradicional del derecho? La visión tradicional consiste en (es —significa—) que una vez se causa el daño (uno o varios daños, según el caso) y/o la lesión del derecho (de uno y/o varios derechos, según el caso) se reparan los daños (y, según el caso, se busca reestablecer el derecho —lo que no existe. El restablecimiento del derecho es inexistente. Porque, el derecho es eficaz o ineficaz. Lo que puede existir es que una parte del derecho exista con base en una solución correctiva. Pero eso no significa eficacia jurídica. Porque, la eficacia jurídica es cuando todos los axiomas del derecho existen en el caso. A la medida del caso—) y se asumen las sanciones. Es una visión (bastante) frustrante (realmente) de la calidad de vida.

Porque, el daño se causa (en la visión correctiva —en el derecho correctivo— se actúa cuando se causa el daño) y se debe acudir a mecanismos para que se repare el daño y se asuman las sanciones. Esto es muy importante para los abogados (y para la sociedad, en general). Esta visión (realmente) no es la visión de calidad de vida. Por eso, las empresas deben fomentar una visión distinta (una visión preventiva). Porque, cuando (una vez) la empresa causa el (un) daño (el daño causado por responsabilidad de la empresa —bajo la responsabilidad jurídica de la empresa—) incumple la norma —o, las normas, según el caso— (en general: incumple el derecho). Y, buscar un abogado para que defienda la situación es (también) lamentable. Al contrario, se debe buscar al abogado (en general: a todos los seres humanos que manejen diferentes temas jurídicos y no jurídicos) para hacer bien (válidamente) las cosas en todo momento (en todo tiempo y espacio —de forma permanente—). No para para lograr una defensa o, en general, elementos ajenos a una visión de aseguramiento del derecho (en todo momento).

Ahora, el segundo medio de eficacia del derecho en las TIC es el derecho preventivo. Es la teoría que les estoy presentando. Mi teoría. El derecho preventivo genera ambientes de validez jurídica de acuerdo a las variables del caso. Hace que el derecho sea efectivo (es decir: eficiente y eficaz) en el caso. Es la visión (es el medio de eficacia del derecho) que se debe fomentar (y aplicar en cada caso —a la medida del caso—). El derecho correctivo opera una vez se ha desconocido el derecho. Mientras que, el derecho preventivo es la autorregulación jurídica, a la medida de las variables (formales y materiales) del caso, que hace que el caso sea válido.

Por eso, el derecho preventivo se sugiere como medio de eficacia del derecho en las TIC. Más aún, porque como las TIC tienen diferentes variables (inclusive territoriales) son sujetas a múltiples frustraciones del derecho cuando se incumple. Es decir, para muchas personas que se afectan en un medio digital es muy complejo asegurar que les atiendan los daños o lesiones causadas (sufridas). Además, en los medios digitales (así como en cualquier otro medio) lo importante es lograr confianza. La confianza solo se logra bajo una visión preventiva.

Lo demás es afectación de la reputación, desconfianza, frustración y, desde el punto de vista jurídico, es invalidez.

Entonces ¿qué requiere el derecho preventivo? Requiere cultura, diligencia, reconocimiento de la realidad material y armonía de esta con las variables formales que le apliquen. Requiere, a su vez, autorregulación jurídica a la medida del caso. Y, en últimas, requiere una nueva visión del derecho. Una visión donde —en la que— (realmente) el derecho (le) aporte a la calidad de vida (aporte en la calidad de vida). Y, una visión donde (en la que) las personas se comprometan con asegurar el derecho en cada conducta.

Esto no significa que se limite la libertad humana (en general: la libertad) de forma inválida. No. Es que el derecho aplica según los hechos. Por supuesto, la regla general es la libertad. Solo que tenemos que tener cultura de aseguramiento de las normas que aplican en cada caso (en el caso) para que se aseguren (se asegure la efectividad, es decir: la eficiencia y la eficacia, de) los derechos y deberes aplicables en cada caso. Los derechos y deberes tanto propios como ajenos.

Para hacerlo, se debe tener una visión sistémica del derecho y de las TIC. Para atender (todo) esto se debe tener (se debe ser diligente en tener) una visión sistémica tanto del derecho como de las TIC. Para atender las estructuras, funciones y sujetos de cada caso (del caso) de publicidad. Y, para lograr que la publicidad digital en su conjunto (entendida como un sistema) sea válida.

Entonces ¿cómo aplica la teoría (*la teoría de derecho preventivo del consumo en la publicidad digital*)? Aplica con (por medio de —en—) tres fases principales. En la primera fase se detectan las variables extracontractuales y/o contractuales de la forma de creación, funcionamiento, comunicación y atención de la publicidad digital empresarial. En la segunda fase esos componentes (elementos —variables—) se atienden mediante el diseño y la aplicación de soluciones de derecho preventivo. Y, en la tercera fase se crea —incluido: se hace— (como consecuencia) validez, eficacia y seguridad jurídica en la publicidad digital empresarial.

Este (ese) es el derecho preventivo que se propone: previsión y eliminación o disminución de riesgos y amenazas jurídicas en el caso y detección, armonización y atención de los deberes y derechos del caso. Estos elementos generan la creación de validez, eficacia y seguridad jurídica en la publicidad digital empresarial (o en el tema, campo o caso en el que se aplique —aplica—). El derecho preventivo crea validez jurídica. Por ende, el derecho preventivo no es un gasto. Es una inversión. Además, es un deber. Es un deber cumplir el derecho. Cumplir el derecho es un deber. No es una opción.

Aquí está el derecho preventivo que se propone: el derecho preventivo es la producción de soluciones jurídicas preventivas, prospectivas y válidas a la medida del caso. Por eso, el derecho preventivo crea una publicidad digital empresarial válida. Porque, logra (hace) una armonía entre las libertades y límites (según las variables del caso). Variables como pueden ser la clase de modelo de negocio, de modelo de funcionamiento, de modelo de gestión, el sector o los sectores involucrados, la naturaleza del producto que se promueve, los perfiles de los consumidores, las clases de contenidos, las clases de datos y demás información, las normas generales y especiales aplicables, los territorios involucrados, etc.

Por ende, el derecho preventivo requiere esfuerzo. Para lograrlo (hacerlo —crearlo—) hay que (se deben) armonizar muchas (múltiples) variables para que (todo) fluya. La construcción (en general: creación) de una buena obra es compleja. Esa complejidad genera su validez (jurídica) —y, como se hace con diligencia, es simple ante el usuario—. En el derecho preventivo se deben detectar y armonizar todas las variables involucradas. Lo que generará su validez. Por ello, en últimas, el derecho preventivo es una obra de arte.

El derecho preventivo consiste en hilar fino (en hilar delgado). Se debe ser minucioso para poder detectar, atender y armonizar (idóneamente —incluido: de forma fluida y coherente con el contexto digital involucrado—) todas las variables presentes en cada caso concreto (en cada caso —en el caso—). Se deben detectar, atender y armonizar (todas) las variables del caso concreto. Así se logra la validez, la eficacia y la seguridad jurídica.

Lo simple es lo profundo. En el derecho preventivo se deben presentar soluciones integrales y sistemáticas, pero minimalistas. Es decir, el producto final que percibe el consumidor debe ser muy simple. Pero lo que está detrás es algo robusto. Por eso, las soluciones deben ser integrales y sistemáticas, pero minimalistas pues deben ser coherentes con el contexto digital (el contexto digital busca lo concreto y lo simple, no algo robusto y complejo —lo que está detrás es complejo, pero lo que está de cara al consumidor es algo muy simple y fluido—).

Lo simple es lo profundo porque se debe transmitir lo relevante (por eso, se debe ser diligente en tener capacidad de síntesis, a la medida del caso). Es decir los elementos esenciales, naturales y accidentales de cada acto o negocio jurídico involucrado. Por ende, se deben generar ecosistemas similares a un *iceberg* (témpano de hielo). El usuario (particularmente: el consumidor) percibe lo sencillo (la punta del *iceberg*), pero existe un trasfondo robusto (lo que está debajo de la punta del *iceberg* —incluso: tanto la punta como el resto del *iceberg*—).

El problema no es que el derecho bloquee la publicidad digital y, en general, la creatividad y/o la innovación. El problema es que se desconoce la forma de hacerse válidamente. Muchas iniciativas empresariales se frustran o afectan por desconocer la forma en la que el derecho les aplica (en la que les aplica el derecho). La creatividad y la innovación siempre tienen normas aplicables. Debido a que los elementos estructurales del derecho (los axiomas del derecho —los axiomas jurídicos—) son transversales. Lo importante es detectar y atender su naturaleza jurídica armonizándolas (armonizando la creatividad y la innovación —o, según el caso: armonizando la creatividad o la innovación—) con el derecho que le aplica al caso (con la forma en la que el derecho aplica en el caso).

Por eso, la validez de la publicidad digital empresarial depende de que se haga, comunique y cumpla de una manera armónica con el derecho que le aplica (con el derecho que le procede, según el caso —con el derecho que es procedente en la forma de la publicidad y, en general, del caso. Propiamente: con el derecho que le procede a la forma del caso. Con el derecho que le procede al caso—). Para lograrlo, se debe hacer, comunicar y cumplir con una logística (tanto jurídica como técnica y administrativa) que asegure dicha armonía. Situación que se confirma si el consumidor goza sus derechos en todo momento.

Entonces ¿cómo sabemos que la publicidad es válida? Sabiendo que el consumidor está gozando sus derechos (todos sus derechos). Si el consumidor goza sus derechos (todos sus derechos) la publicidad es válida. Entonces, la validez (jurídica) de la publicidad digital empresarial depende de variables analógicas y de variables digitales. Porque, es (todo) un sistema, tanto digital como analógico (y, tanto humano como no humano. Hay —existen— variables tanto humanas como no humanas, analógicas y digitales). Entonces, la publicidad es un sistema cuya validez depende de la armonía de todos los (sus —de sus—) elementos (tanto formales como materiales). Y, *la teoría de derecho preventivo del consumo en la publicidad digital* permite hacerlo a la medida de cada sistema (propiamente: a la medida del caso —de cada caso—).

La validez jurídica de la publicidad digital empresarial (solo) existe si es una validez integral. Esta (esa) es la visión jurídica de validez de la teoría (de *la teoría de derecho de derecho preventivo del consumo en la publicidad digital*). Es decir, solo hay (existe) validez si hay (si existe) validez en: 1) El modelo de negocio que se promueve; 2) En el tratamiento de datos personales o no personales (en el caso en el que aplica —aplique— un tratamiento); 3) En la pieza, en cuanto a su creación (es decir, en la creación de la pieza —en la pieza creada. En la pieza publicitaria. En la pieza—); 4) En la forma como funciona el sistema de la publicidad; 5) En la forma como se comunica la publicidad; y 6)

En la forma como se atienden sus efectos (bien se trate de una oferta o sea otra clase de comunicación).

El derecho es como el agua. Puede fluir o no fluir (en el caso). Si el caso permite que fluya (sin presión —sin alta presión—) hay (existe) validez jurídica. En eso consiste *la teoría de derecho de derecho preventivo del consumo en la publicidad digital.* La teoría consiste en detectar y armonizar la naturaleza (jurídica) de cada publicidad digital empresarial con el derecho que le aplica.

2. DEFINICIONES

En este capítulo se explica cuáles son los diferentes conceptos que permiten que la teoría (*la teoría de derecho preventivo del consumo en la publicidad digital*) aplique con claridad y, además, que aclare diferentes elementos jurídicos que se encuentran presentes en la publicidad digital empresarial.

Veamos las definiciones en (de) la teoría. Son siete conceptos importantes (estructurales): 1) *Validez jurídica;* 2) *Eficacia jurídica;* 3) *Seguridad jurídica;* 4) *Empresa;* 5) *Consumidor;* 6) *Publicidad;* y 7) *Derecho preventivo. Validez jurídica* es la armonía entre los hechos y el derecho. Es cuando los hechos son armónicos con las normas que les aplican. Es cuando el caso (entendido como el ser creado por la unión del conjunto de sus hechos) coincide con el deber ser jurídico (establecido en —consagrado en. Definido en. Indicado en—) la norma que le aplica. Es decir, es cuando el ser coincide con el deber ser jurídico que le aplica. Es cuando el ser coincide con su deber ser jurídico. La (esta) teoría crea (creó) una (la) armonía entre la publicidad digital empresarial (a nivel general) y el derecho (a nivel general) y permite crear (incluido: hacer) una armonía entre la publicidad digital empresarial y el derecho. Propiamente, permite que la publicidad sea armónica con el derecho (si se la aplica —si la teoría se aplica— a la medida del caso —de cada caso—).

Otro concepto, *eficacia jurídica.* Es la materialización del derecho en los hechos y por parte de los hechos. Es cuando los hechos materializan el derecho que les aplica. Y, por ende, cuando los hechos son, a la vez, el derecho que les aplica. Porque, si materializan el derecho que les aplica (si lo materializan —si materializan el derecho—) reflejan el derecho (que les aplica —reflejan la forma en la que les aplica el derecho. Reflejan la forma en la que el derecho les aplica—). Es cuando los hechos son a la vez el derecho que les aplica. Es decir, es cuando el ser es, a la vez, el deber ser jurídico que le aplica. Por eso, el derecho es una plastilina y el caso es un molde. Cuando el molde está lleno (plenamente) con plastilina significa validez (jurídica) y, en consecuencia, eficacia jurídica. Significa derecho preventivo. En cambio, el molde que no está lleno (plenamente) significa invalidez e ineficacia jurídica.

Ahora, *seguridad jurídica*. Es la vinculatoriedad del caso al ser válido y eficaz. Es cuando el caso es vinculante porque es válido y eficaz. Es cuando los hechos se sujetan al derecho que les aplica y, en consecuencia, los efectos de las relaciones —jurídicas— (extracontractuales y contractuales) que se forman en su interior son permitidos y protegidos por el derecho. Es decir que si el caso es guardián de la validez jurídica el derecho es guardián del caso.

Igualmente, *empresa*. Es cualquier actividad organizada con fines comerciales privados. Vale aclarar que en esta teoría se trata de una clase específica de empresa: la empresa mercantil (la empresa con fines comerciales en el sector privado). ¿Qué características (jurídicas) tiene la empresa mercantil? Por un lado, es profesional en su mercado (se presume que es profesional en su mercado). Por otro lado, actúa de manera habitual en su mercado (se presume que actúa de forma habitual en su mercado). Tiene experiencia (propiamente: se presume —jurídicamente. A nivel jurídico. Desde la visión jurídica. Desde la visión del derecho. Desde el derecho— que tiene experiencia). Y, por otro lado, responde (debe responder —es responsable. Jurídicamente. Es la responsable a nivel jurídico—) por todo lo que le sea previsible bajo su perfil —jurídico— (de) profesional (en su mercado).

Por eso, la regla general es que todo le es previsible. La excepción es que algo le sea imposible de prever o irresistible de atender. En algunos casos, algunas empresas, tienen el siguiente dilema (en la responsabilidad —jurídica— empresarial): ¿debo permitirlo todo o debo controlarlo todo —en la empresa—? Entonces, surge este otro dilema en la responsabilidad empresarial: o protejo a la empresa o protejo a los grupos de interés de la empresa (tales como los consumidores, trabajadores, proveedores, aliados, entidades públicas, competidores, comunidad de impacto, etc.).

Al respecto, tenemos que tener en cuenta los límites a (de) la libertad de empresa. Un límite es el abuso del derecho. Es una visión individual del derecho (individualista del derecho). Es desconocer las normas que aplican y actuar de manera ajena al derecho. Otra limitación (otro límite) de (a) la libertad de la empresa es la función social de la empresa. Significa que (en cada caso) la empresa debe asegurar el goce de los derechos y el cumplimiento de los deberes. Tanto de los demás como propios (suyos). También significa que como la empresa es la base del desarrollo esta debe (realmente) generar desarrollo. Debe promover el desarrollo en sus mercados. Lo que repercutirá en beneficiar al Estado o a los Estados en los cuales actúe (actúa).

Esto se complementa con el tema de la diligencia. La diligencia, en definitiva, consiste en obrar (actuar) de una manera que asegure la validez jurídica. La diligencia que le aplica a la empresa mercantil (comercial) es la diligencia mercantil (al consumidor le aplica la diligencia ordinaria que le aplica —aplique— a su perfil jurídico de consumidor, según el caso —en el caso—). Significa la diligencia de un profesional en su mercado. Una forma de (esta —esa—) diligencia son las buenas prácticas. Tales como, el (buen) gobierno empresarial, los códigos de ética, las certificaciones, etcétera. Esta (esa) diligencia exige que prevalezca el interés de la organización (es decir, que prevalezca el interés de la empresa como un sistema) frente al interés de los miembros que la conforman. Igualmente, la diligencia que le aplica a la empresa exige que controle las amenazas y riesgos de daños y/o lesión de derechos que sean previsibles (bajo su perfil jurídico de profesional en su mercado —bajo su perfil de empresa mercantil. En su perfil de empresa mercantil—). Si no lo hace incurrirá en responsabilidad por acción o por omisión (según el caso). Por hacer algo inválido. Por no hacerlo de una manera que asegure la validez.

En la diligencia aplica un criterio de responsabilidad tanto objetiva como subjetiva. ¿Cuál es la responsabilidad objetiva? Es en la que se responde por el acto (como tal). Por la ocurrencia del acto. Por hacer una conducta (por la conducta). Por ejemplo, se es responsable por el hecho de hacer una publicidad que se incluye (objetivamente) en la calificación (jurídica) de engañosa sin necesidad de que se analice la intención (en general: la diligencia, la negligencia y/o el dolo) que se haya tenido al hacerla. Y ¿Cuál es la responsabilidad subjetiva? Es en la que se debe analizar cada caso en detalle porque no solo es importante el acto sino también el individuo. Se analiza si el individuo actuó (tanto subjetiva como objetivamente —tanto a nivel subjetivo como objetivo. Porque: lo subjetivo solo se demuestra de una forma objetiva. Bajo una forma objetiva. Con objetividad—) de buena fe o de mala fe, con diligencia, con negligencia, etc.

A su vez, son elementos relevantes los deberes de la empresa. Por un lado, la lealtad (el deber de lealtad). Como se ha indicado, la lealtad significa que el interés de la empresa prevalece frente al de los (sus) miembros. Se debe proteger a todos los grupos de interés. Los grupos de interés son (todos) los perfiles (sujetos —a nivel individual y/o colectivo, según el caso—) que se relacionan (directa o indirectamente) con la empresa (tales como los consumidores, competidores, aliados, entidades públicas, comunidades de impacto, inversionistas, terceros relacionados, etc.).

De otro lado, la diligencia (el deber de diligencia). Diligencia significa actuar con idoneidad en el desempeño del objeto empresarial (incluido: en el desempeño de la actividad misional). En términos concretos, actuar con idoneidad significa actuar de una manera que asegure la validez jurídica en cada caso. Por eso, la diligencia es la forma de hacer (la) validez (jurídica) —a la medida del caso—.

Finalmente, en relación a los grupos de interés (que, como se ha indicado, son todos los sujetos involucrados o afectados con la gestión empresarial) la validez jurídica de la gestión de la empresa se logra si se protegen los derechos de todos y de cada uno de los grupos de interés (lo que incluye: si se hace que tanto la empresa como sus grupos de interés cumplan sus deberes —a la medida de cada caso—). Por ende, se debe (la empresa debe) lograr una armonía estratégica entre (y con) todos ellos (propiamente: entre la empresa y cada grupo de interés y entre la empresa y —todos— sus grupos de interés). Entre (todos) los deberes y derechos de la empresa y de sus grupos de interés.

Aquí se superan los dilemas indicados previamente. Específicamente, se supera el dilema acerca de si la empresa debe protegerse o si debe proteger a sus grupos de interés (porque el dilema relacionado con si la empresa debe permitirlo o controlarlo todo se incluye dentro de este —en definitiva: la libertad y el control se definen en cada caso. Definiendo la forma en la que se haga el caso válido. Es decir: se define con la forma que haga que los derechos y los deberes de la empresa y del grupo o los grupos de interés involucrados en el caso sean efectivos. Lo que significa: sean eficientes y eficaces—). Se supera diseñando modelos (en general: soluciones) de derecho preventivo que generen validez, eficacia y seguridad jurídica en cada relación de la empresa con uno, varios o todos sus grupos de interés. Lo cual, además de generar validez, genera logro colectivo (gana-gana). Ganan todos. Gana la empresa y sus grupos de interés. Gana cada grupo de interés y gana la empresa. Ganan todos los grupos de interés y gana la empresa.

Entonces ¿cuál es la solución al dilema? El derecho preventivo. Armonizando los derechos y deberes de las partes involucradas (en el caso —en cada caso—). De hecho, proteger a la empresa es proteger a sus grupos de interés. Todos hacen parte de un mismo sistema. ¿Cuál sistema? La gestión de la empresa.

Esto es lo que se debe hacer: construir equivalencias funcionales jurídicas de derecho preventivo en la publicidad digital empresarial. Es decir, diseñar y aplicar soluciones jurídicas (soluciones de validez jurídica) para que se cumplan las normas que le apliquen (aplican) a cada una de sus variables y a todo el sistema de publicidad creado por la suma de (todas) sus variables y la comunicación de las mismas como un todo. Para construir las equivalencias funcionales con validez se debe detectar, conocer y atender la naturaleza jurídica de cada variable de la publicidad digital empresarial y la naturaleza jurídica de la publicidad entendida como un sistema. Es decir, como un todo creado por la sumatoria de cada variable. Solo así se pueden determinar las normas que le aplican a cada variable y al todo. Y, solo así se puede establecer la forma de cumplirlas con validez.

Por eso, la investigación es importante (determinante, según el caso). Investigando se puede detectar y establecer la naturaleza jurídica, las normas aplicables y el modelo de autorregulación que haga válida cada variable y que haga válida a la publicidad como un todo. Eso solo se logra con la investigación. Lo demás es frustración, especulación y/o confusión. Porque, para que la publicidad digital empresarial sea válida se debe detectar y atender la naturaleza jurídica (incluido: el efecto jurídico —o, los efectos jurídicos, según el caso—) de cada variable y de todo el sistema. Se reitera, solo así se puede crear, operar (en general: solo así puede funcionar), comunicar y atender la publicidad válidamente.

Entonces, la empresa debe conocer la naturaleza jurídica de lo que ofrece (en general: lo que promueve —directa o indirectamente— en su publicidad) para que su publicidad digital sea válida. Un producto es un género. Puede ser: un bien y/o un servicio. Cada producto es único. Se debe detectar y conocer la naturaleza jurídica del producto para que se pueda comunicar y atender ante el consumidor de una manera comprensible, completa, efectiva y cumpliendo las normas que le apliquen (aplican). Por ejemplo, no es lo mismo vender, licenciar y ceder un producto. Y, no es lo mismo que ese producto sea un bien, un servicio o que involucre uno o varios bienes y/o uno o varios servicios.

Las siguientes premisas complementan la fundamentación de este punto: 1) La empresa puede ser creativa e innovadora en su publicidad digital si actúa con diligencia para lograr su validez; 2) La investigación es determinante para la validez; y 3) La metodología de (la) investigación es la forma de plantear y demostrar las hipótesis (los teoremas) de derecho preventivo que permitan (permiten) que la publicidad digital empresarial que sea el objeto de la investigación tenga claros (tenga claridad sobre —tenga claridad en relación a. Tenga claridad de—) sus elementos para ser válida jurídicamente.

Otro concepto, *consumidor*. Es toda persona física (natural) o moral (jurídica) que no actúe (actúa) de manera profesional y habitual en el mercado de la empresa. Una empresa, como se ha indicado, puede ser consumidora de otra. Si una empresa no es profesional ni actúa de manera habitual en el mercado de otra empresa tiene perfil de consumidor (consumidora) cuando se relacione (relaciona) con esa empresa.

¿Cuáles son los principales campos de protección al (del) consumidor? Por un lado, la protección del (al) consumidor en cuanto a la información. Que se le entregue (comunique) información suficiente, veraz (de hecho: solo es, solo existe, información si es un mensaje veraz —porque: información es el mensaje cierto, objetivo y verificable—) y oportuna (en cada caso —según el caso—). De acuerdo a (con) las variables del caso, la información se puede o debe comunicar según el momento en el que se desee o se deba comunicar esa información (dependiendo de las normas que apliquen).

Por otro lado, la protección al (del) consumidor en cuanto a la calidad. Se deben brindar productos que cumplan (con) los criterios de calidad. A la vez, se deben brindar productos que sean idóneos para el consumidor (según el caso). ¿Esto qué significa? La calidad hace referencia a que el producto cumpla los estándares o parámetros de calidad que tenga el estado del arte que aplica (aplique) sobre ese producto. La idoneidad hace referencia a que el producto le solucione unas (las) necesidades específicas al consumidor. Le solucione las necesidades que la empresa (o un tercero en representación —o un tercero representante— de la empresa, según el caso) le comunica (comunique) al consumidor que el producto (le) soluciona (solucionará —cuando se adquiere y/o usa, según el caso—).

Entonces, en términos concretos (según el caso), una publicidad (la empresa por medio de su publicidad —por medio de la publicidad—) puede solo comunicar y comprometerse a la calidad o puede comprometerse tanto a la calidad como a la idoneidad. Si se compromete a la idoneidad debe tener en cuenta que se trata es de que en cada caso a cada consumidor le cumpla su (la) publicidad asegurando que le soluciona las necesidades específicas para las cuales adquiere el producto. Porque, la idoneidad es algo más subjetivo. La calidad, en general, es algo objetivo.

A su vez, la protección al (del) consumidor en cuanto a la seguridad. Se deben brindar productos que sean seguros (en cuanto a su uso). Además, en cuanto a la publicidad digital empresarial, el sistema de publicidad debe ser seguro. En cuanto a sus variables (extracontractuales y/o contractuales, según el caso) en la creación, el funcionamiento, la comunicación y la atención de la misma.

Por su parte, protección al (del) consumidor en cuanto a los datos personales (en cuanto al tratamiento del dato personal o de los datos personales del consumidor). Se debe asegurar (hacer) que todo tratamiento de los datos personales (cuando aplique —aplica—) del consumidor sea válido. En general: se debe ser diligente en hacer que toda actividad (en general: que toda acción —que toda conducta. Que todo acto. Que toda actuación. —) que se realice en relación al dato personal (o, a los datos personales) del consumidor sea válida. Por eso, (siempre) se debe contar con el consentimiento válido del consumidor para tratarle (para hacer —realizar. Efectuar— acciones —actividades. Funciones. Actos— en relación a) sus datos personales. Y, (el dato o los datos, según el caso) solo se deben usar para lo que fue (para lo que haya sido) autorizado —válidamente— (por el consumidor —por parte del consumidor—). Además, solo se deben usar los datos (personales) que sean (realmente) necesarios para las finalidades de la publicidad digital empresarial. Es decir, en últimas, hay que (se debe) ser diligente en la forma de definir la necesidad y la forma del tratamiento y en la forma de recolectar y usar los datos personales —cuando se defina que es necesario. Cuando se define que es necesario— (según las variables del caso).

Igualmente, existe la protección al (del) consumidor en cuanto a las relaciones contractuales. Hace referencia a que no se formen contratos con elementos abusivos. A que (siempre) se asegure el cumplimiento de las normas que apliquen (aplican) en cada relación contractual. En cada contrato. Según los hechos. También existe la protección al (del) consumidor en cuanto a las relaciones extracontractuales. Hace referencia a que en las relaciones que la empresa forme con el consumidor con base en un vínculo distinto a un contrato se debe asegurar la eficacia de sus derechos (de los derechos del consumidor).

Por otra parte, aplica la efectividad en el ejercicio y respeto de derechos especiales del consumidor (como forma de protegerlo). Como forma de protección al (del) consumidor. El consumidor, según cada caso (según el caso), tiene derechos especiales. Por ejemplo, el derecho de retracto. El derecho de arrepentirse de la compra (en general: de la adquisición) de un producto. O, el derecho de reversión del pago (el derecho a la reversión del pago —a que se reverse el pago. A que se le reverse el pago—). Cuando el consumidor es víctima de una operación fraudulenta tiene el derecho (tiene derecho) a que se le devuelva el dinero que ha pagado (o, que se ha pagado en su nombre o a su nombre, según el caso) —por medio de la reversión de la operación. Mediante la reversión de la operación—.

Por último, a nivel general (como parámetro macro de protección del —al— consumidor) el elemento de base es que se debe asegurar, en cada caso, el cumplimiento de la normatividad general (propiamente: de las normas generales). Por supuesto. Pero, también la normatividad especial (incluido: sectorial) que le sea aplicable (propiamente: las normas especiales que le sean aplicables) al mismo. En este punto, tenemos unos conceptos relevantes. Por un lado, el concepto de relación de consumo. Es cualquier relación (jurídica) extracontractual o contractual entre una empresa y un consumidor. Como ya sabemos, el derecho preventivo asegura su validez. Entonces ¿qué es relación de consumo? Es cualquier relación extracontractual o contractual entre una empresa y un consumidor. Es decir que el derecho del consumo (derecho de consumo) solo aplica en relaciones de consumo. Propiamente, el derecho del consumo (derecho de consumo) aplica —solo aplica. Solo procede. Solo es procedente— en la relación de consumo.

Otro concepto importante, negocio jurídico en la relación de consumo. Es cualquier contrato que se forme entre una (la) empresa y un (el) consumidor al interior de una relación de consumo. El derecho preventivo asegura la validez del negocio jurídico en la relación del consumo. Por eso, se debe detectar y atender la naturaleza (jurídica) de cada negocio jurídico en cada relación de consumo para hacer que sus variables sean armónicas con el derecho (con la forma en la que les aplica el derecho —con la forma en la que el derecho le aplica, le procede, al negocio jurídico involucrado y, en general, a la relación jurídica entre la empresa y el consumidor, es decir: a la relación de consumo, en la que está involucrado ese negocio jurídico—).

Ahora, el consumidor tiene derechos en la publicidad digital empresarial. Hemos señalado que tiene múltiples derechos (incluso: tiene derechos especiales, según el caso) en diferentes temas relacionados con la información, el contrato, el tratamiento de sus datos personales, la adquisición del producto, la calidad del producto, la seguridad en el uso (en general: en el consumo) del producto, etc. Entonces ¿Cuáles son los derechos del consumidor en la publicidad digital empresarial? Dependen de variables formales y materiales en cada caso. Es decir, dependen de las variables formales y materiales de cada caso (del caso).

¿Cuáles son los principales derechos que tiene el consumidor en la publicidad digital empresarial? Primero, derecho a que le comuniquen mensajes que sean válidos. O sea, que el receptor del mensaje reciba (recepcione) mensajes que cumplan las normas que le apliquen (aplican), según el caso. Incluido (dentro del concepto de caso), según el perfil del consumidor. Por ejemplo, a un menor de edad no le pueden (no se le puede —no se le debe—) comunicar una publicidad que no sea para ese perfil (si alguna norma prohíbe o condiciona ese perfil en cuanto a esa publicidad —si alguna norma le prohíbe o le condiciona esa publicidad a ese perfil. Si alguna norma prohíbe o condiciona esa publicidad en cuanto a ese perfil. Si alguna norma prohíbe o condiciona una publicidad, o, la publicidad, en general, en cuanto a ese perfil—).

Segundo, derecho a que se le cumplan las ofertas (en el caso en el que la publicidad comunique o genere ofertas). Tercero, derecho a que los productos promovidos sean válidos. A que los productos cumplan (con) las normas que (les) aplican. Cuarto, derecho a que le traten válidamente sus datos personales (en el caso en el que el sistema —de publicidad digital empresarial— trate datos personales del —de un— consumidor). Y, quinto, derecho a recibir la información cuando la publicidad sea o deba ser informativa. La publicidad informativa hace referencia a la publicidad que involucre (involucra) o cree (crea) información. Posteriormente, desarrollaremos este (último) punto (la publicidad informativa).

Entonces, el consumidor tiene el derecho a recibir la información del producto y a comprenderla mediante una adecuada comunicación de la empresa. A más tardar, al (en el) momento de su adquisición. Salvo que por la naturaleza del producto se deba informar (total o parcialmente) en un momento previo. Esto hace que el negocio jurídico de adquisición y la publicidad que lo promovió sean válidos. Y, lo más importante, esto genera que el cliente (consumidor) comprenda lo que adquiere (o, lo que va a adquirir, según el caso) y (que) reciba (recibe) lo que ha comprendido (cuando lo adquiere —si lo adquiere. En el caso en el que lo adquiera. En el caso de adquirirlo. En caso de adquirirlo. De adquirirlo—). También, permite que la empresa tenga buena reputación y que el consumidor se convierta en (un) cliente —en su cliente. En cliente de la empresa. En el cliente de la empresa— (según el caso). Si esto se hace en todo momento y el producto es válido se fideliza al (el) consumidor (el consumidor se fideliza) —o, se puede (llegar a) fidelizar— (según el caso).

Otro concepto (de —y: en— *la teoría de derecho preventivo del consumo en la publicidad digital*), *publicidad*. Es todo (cualquier) mensaje que influya (propiamente: que influye o trata de influir, según el caso) en decisiones de consumo (en general: que influya en los actos del consumidor relacionados con la adquisición y/o el consumo de un producto empresarial y, en general, con su percepción sobre la empresa —mercantil— involucrada, directa o indirectamente, en la publicidad). En esta teoría, se trata de una clase específica de publicidad. Se trata de una (la) publicidad empresarial (publicidad digital empresarial). Entonces, publicidad es toda (cualquier) forma comunicación que influya (o trate de influir) en (las) decisiones de consumo. No solo es la comunicación que tenga como objetivo o fin influir en las decisiones de consumo. Porque, dependería de criterios subjetivos sobre la intención del emisor del mensaje. Es toda comunicación que influya (o trata de influir —objetivamente—) en decisiones de consumo. O sea, no es solo la comunicación que tenga como finalidad u objeto (incluido: objetivo) influir en decisiones de consumo. En general, es toda comunicación que influya (influye —o trata de influir—) en decisiones de consumo. Todo lo que influya (o trata de influir) en decisiones de consumo es (jurídicamente) una publicidad empresarial.

Ahora ¿qué es (la) publicidad inválida? Es cualquier publicidad que no sea armónica con las normas que le apliquen (aplican). Algunos ejemplos de publicidad inválida: 1) La publicidad engañosa. Ya que no cumple (con) los deberes (incluido: niveles) de información (que le aplican) y no se comunica de una forma que logre (logra) un acuerdo del lenguaje con el consumidor que permita (permite) la armonía con las normas que le apliquen (aplican). Y: 2) La publicidad con contenido sensible cuya comunicación está prohibida (por medio de una o varias normas jurídicas, según el caso) para un perfil de consumidor y se le comunica a dicho perfil.

Por otro lado ¿qué clases de publicidad existen? Primero, la (publicidad) que es comunicación, pero no incluye o genera información. En la teoría, se denomina *publicidad meramente comunicativa*. En este caso existe mayor libertad. El límite (a esta publicidad —en esta publicidad. A la libertad para hacer esta publicidad. A la libertad de hacer esta publicidad. En la libertad para hacer esta publicidad—) es la publicidad condicionada o prohibida. Es decir, el límite es cuando en alguna norma (o, en varias normas, según el caso) se exige (exija) que esta clase de publicidad (propiamente: que una publicidad específica) deba (debe) tener información (total o parcialmente, según el caso). Entonces, la *publicidad meramente comunicativa* (la publicidad que es comunicación sin información —*información* es el mensaje cierto, objetivo y verificable—) es válida cuando no le aplica un deber de información (porque: si le aplica un deber de información debe comunicar esa información para ser válida) y se hace de una forma armónica con las normas que le aplican (apliquen), según el caso.

Segundo, la (publicidad) que es comunicación e incluye o genera información. En la teoría, se denomina: *publicidad comunicativa e informativa*. En este caso existen mayores límites, pues se debe comunicar todo lo que sea necesario para que tanto la comunicación como la información sean válidas (propiamente: para que la publicidad como forma de comunicación comunique tanto sus mensajes meramente comunicativos como sus mensajes comunicativos e informativos de una forma válida). Es decir, se deben cumplir tanto los criterios generales de la publicidad (como forma de comunicación) como los deberes de información (generales y especiales) que (le) apliquen según el producto (bien y/o servicio) involucrado, el contexto geográfico involucrado y, en general, según las variables (formales y materiales) del caso. Entonces, la *publicidad comunicativa e informativa* (la publicidad que es comunicación e información —la publicidad que comunica uno o varios mensajes que son información. La publicidad que comunica mensajes meramente comunicativos, mensajes informativos y mensajes mixtos, es decir: meramente comunicativos e informativos, según el caso—) es válida cuando se hace de una forma armónica con las normas que le aplican (apliquen) a su forma de comunicación sin información (a la parte de su comunicación que no incluye información), a su forma de comunicación con información (a la parte de su comunicación que incluye información) y a su forma final (definitiva —a su todo—) creada por la unión de su forma de comunicación sin información y de su forma de comunicación con información, según el caso.

Se deben aclarar dos cosas. Un concepto macro es el concepto de *comunicación* ¿Qué es (la) comunicación? Es la transmisión de un mensaje de un emisor a un receptor. Otro concepto macro (que, a la vez, es micro cuando se involucra en el concepto macro de comunicación) es el concepto de información. Y ¿qué es (la) información? El mensaje (es el mensaje) que es cierto, objetivo y verificable. Entonces, la publicidad como género es comunicación. Pero, dentro de esa comunicación puede existir (una —la—) o no existir información. Esa es la clasificación que aquí se hace (incluido: es la clasificación que se hace en *la teoría de derecho preventivo del consumo en la publicidad digital*).

La primera clase de publicidad es cuando solo comunica. Y la segunda clase de publicidad es cuando comunica, pero a la vez informa (cuando comunica e informa). En este segundo caso, existen mayores límites (según el caso). Porque, la información que se comunica (según el caso) debe cumplir (con) los deberes de información que (le) apliquen (aplican) según la clase de publicidad (en general: según las variables del caso). Por ejemplo, si se va a hacer una publicidad que tenga una oferta (que contenga uno o varios mensajes que tengan la forma de una oferta —de una oferta mercantil. Comercial— o que se perciban —válidamente— por el consumidor como una oferta, según el caso) se debe indicar todo lo (toda la información —la información necesaria para la validez, jurídica—) de la oferta (precio, forma de entrega, calidad, etc.). Pero, a la vez, se debe comunicar de una manera que permita que el consumidor comprenda esa información (de una forma que haga o que permita hacer, según el caso, un acuerdo del lenguaje válido con el consumidor en relación a esa oferta y, en general, al mensaje o a los mensajes que comunique —comunica— la publicidad). Por eso (se reitera), en la segunda clase de publicidad existen (o pueden existir) mayores límites (según el caso). Pues se deben cumplir tanto los criterios generales de la publicidad (como forma de comunicación) como los deberes de información (generales y especiales) que apliquen (aplican) en el caso.

La siguiente premisa brinda claridad sobre (para —acerca de. De—) la validez (jurídica) de la publicidad: el factor determinante para la validez de la publicidad (en ambas clases de publicidad —tanto en la *meramente comunicativa* como en la *comunicativa e informativa*) es que logre (haga —incluido: permita—) un acuerdo del lenguaje (válido —es decir: armónico con las normas que le apliquen a ese acuerdo, según las variables del caso—) con el consumidor. El acuerdo del lenguaje es válido si asegura el goce de los derechos que tenga (tiene) el consumidor de acuerdo a las variables formales y materiales del caso. Es decir, que el consumidor la recepcione, perciba y comprenda válidamente. Que el consumidor recepcione, perciba y comprenda válidamente (a) la publicidad (publicidad digital empresarial). Que sus mensajes se reciban (recepcionen), perciban y comprendan válidamente (a nivel jurídico). Si es una *publicidad meramente comunicativa*, que se asegure que no se perciba o comprenda como información. Si solo es comunicación, que se asegure que no se perciba (percibe) o comprenda (comprende) —propiamente: la percepción incluye o puede incluir (a) la comprensión, según el caso— como información. Y, si es una *publicidad comunicativa e informativa*, que la publicidad tenga una (la) información que sea suficiente, veraz y oportuna según la naturaleza (jurídica) que tenga el mensaje (o, los mensajes, según el caso) que se transmite —transmita— (transmiten —transmitan—).

Esto (eso) se hace autorregulando cada publicidad. Tanto en su creación como en su funcionamiento, su comunicación, su atención (es decir: en la atención de sus efectos) y sus demás elementos de cualquier otro tiempo y/o espacio del caso, según las variables (formales y materiales) de cada uno de estos estos momentos (es decir: según las variables de su creación, su funcionamiento, su comunicación, su atención y sus demás elementos, de acuerdo al caso) y, en general, según las variables formales y materiales de la relación jurídica que forme (forma) la empresa y el consumidor con base en esta (en la publicidad) o como consecuencia de esta.

Otro concepto importante (el último concepto importante), *derecho preventivo*. Es asegurar (es hacer) que cada conducta humana (y que cada conducta no humana bajo la responsabilidad jurídica de uno o varios seres humanos, según el caso) sea válida —jurídicamente— (en todo momento). Es hacer cada conducta (cada acto —incluido: cada relación—) de una forma válida. ¿Cuáles son las etapas del derecho preventivo en la publicidad digital empresarial? Las etapas del derecho preventivo en la publicidad digital empresarial se basan en las etapas jurídicas de la publicidad digital empresarial. Que son cuatro: 1) La creación; 2) El funcionamiento; 3) La comunicación; y 4) La atención.

Entonces ¿cómo aplica el derecho preventivo en cada etapa de la publicidad digital empresarial? En la creación de la publicidad aplica: 1. Creando cada variable del sistema de publicidad de una forma armónica con las normas que le apliquen (aplican); y 2. Armonizando cada variable (cada variable de la creación de la publicidad) de una forma que haga que la publicidad (como un todo) sea armónica con las normas que le apliquen (aplican). Si la empresa contrata la creación de la publicidad (porque, existen tres opciones: A. Que la empresa cree directamente la publicidad; B. Que la empresa contrate la —su— creación; o C. Que una parte sea creada por la empresa y otra parte sea contratada) debe ser diligente en asegurar que cada variable y el todo sea armónico con las normas que le apliquen (aplican). En el contrato (con la persona que le vaya a crear la publicidad, total o parcialmente) debe establecer (unos) elementos de control para asegurar esto (eso). Y, no solo en el contrato. Cuando la recibe (cuando recibe la creación) también debe ser diligente en verificarlo (en verificar que la creación es válida).

¿Cuáles son los pasos de la teoría para la creación de (la) publicidad digital empresarial con validez jurídica (para la creación de publicidad digital empresarial válida)? Paso 1. Se debe conocer la naturaleza jurídica del producto que se promueve (directa o indirectamente, en la publicidad). Paso 2. Se deben cumplir las normas (generales y especiales) que le apliquen (aplican) al contenido, naturaleza y alcance de la publicidad. Y, Paso 3. Se crea (se debe crear) una publicidad digital empresarial válida (como consecuencia de los pasos anteriores).

Ahora ¿cómo aplica el derecho preventivo en el funcionamiento de la publicidad? Aplica: 1. Haciendo que cada variable (analógica y/o digital) del sistema de publicidad funcione de (una) forma armónica con las normas que le apliquen (aplican); y 2. Haciendo que (todo) el sistema de publicidad digital funcione de (una) forma armónica con las normas que le apliquen (aplican). Y ¿Cuáles son los pasos de la teoría para el funcionamiento de (la) publicidad digital empresarial con validez jurídica (para el funcionamiento válido de la publicidad digital empresarial)? Paso 1. Conocer la naturaleza jurídica de la forma de funcionamiento (es decir: detectar y tener claridad —jurídica— sobre cada una de las variables y todas las variables de la forma de funcionamiento de la publicidad —del sistema de funcionamiento de la publicidad—). Y, Paso 2. Hacer que cada variable del sistema de publicidad digital y que todo el sistema en su conjunto funcione de una forma armónica (sea armónico —tenga armonía—) con las normas que le apliquen (aplican).

De otra parte ¿cómo se comunica válidamente la publicidad digital empresarial con la teoría? 1. Logrando un acuerdo del lenguaje con el consumidor de una forma que sea armónica con las normas que le apliquen (aplican); y 2. Comunicando mensajes que sean armónicos con las normas que le apliquen (aplican) de acuerdo a las variables formales y materiales del caso. Y ¿cuáles son los pasos de la teoría para la comunicación de publicidad digital empresarial con validez jurídica? Paso 1. Lograr una forma de recepción y de percepción de la publicidad en la que el consumidor goce sus derechos. Y, Paso 2. Lograr una recepción y/o percepción (según el caso —porque, según el caso, la publicidad: A. Se dirige a un consumidor específico, bien sea a un sujeto específico o a un perfil específico de consumidor o consumidores. Especificación que es válida cuando se crea y comunica válidamente. Es decir: de una forma armónica con las normas que le apliquen al caso. En cuyo caso, solo su destinatario, su destinatario válido, la puede recepcionar y percibir válidamente. Los demás consumidores, según el caso, la pueden percibir válidamente, cuando sea válido que la perciban, pero no la pueden recepcionar válidamente. O, B. Se dirige a consumidores no específicos. En cuyo caso, cualquier consumidor la puede recepcionar y percibir válidamente —la recepción y/o percepción es válida cuando es armónica con las normas que le aplican a esa recepción y/o percepción, de acuerdo al caso—) de la publicidad por parte del consumidor bajo un acuerdo del lenguaje con la empresa que cumple (cumpla) las normas que le aplican (apliquen).

Finalmente, la cuarta etapa (jurídica) de la publicidad digital empresarial. La atención de la publicidad. La atención del efecto (o, de los efectos, según el caso) de (que causa —Causado por. Generado por. Que genera. Que hace. Que se vincula. Vinculado con. Que se relaciona con. Relacionado con—) la publicidad. ¿Cómo aplica el derecho preventivo en la atención de la publicidad digital empresarial? 1. Asumiendo cada efecto (extracontractual y/o contractual, según el caso) que cause (causa) la publicidad de una forma armónica con las normas que le apliquen (aplican) al respectivo efecto; y 2. Cumpliendo las ofertas de (una) forma armónica con las normas que le apliquen (aplican) a (en) su naturaleza, objeto y alcance —cuando la publicidad involucra una o varias ofertas, según el caso—.

Entonces ¿cuáles son los pasos de la teoría para la atención de la publicidad digital empresarial con validez jurídica? Existe un paso único. Paso 1. Cumplir las afirmaciones y ofertas (cuando la publicidad involucre una afirmación y/o una oferta —mercantil—), y/o atender el efecto o los efectos del mensaje o de los mensajes no informativos de la publicidad (por ejemplo: el efecto de una imagen que puede ser —que puede resultar. Que puede dimensionarse como. Que puede ser definida como. Que puede tener la naturaleza jurídica de. Que tiene la naturaleza jurídica de. Que es— sensible para un consumidor), de una forma que cumpla las normas que le apliquen (aplican) y sea armónica con el acuerdo del lenguaje logrado con el consumidor.

3. BASES

En este capítulo se explican las bases de la teoría *(la teoría de derecho preventivo del consumo en la publicidad digital)* en el sentido de comunicar cómo se aplica (la teoría) en la publicidad digital empresarial.

En los capítulos anteriores se indican los fundamentos de la teoría. Aquí se señalan las bases para aplicar esos fundamentos (a la medida del caso —a la medida de cada caso. A la medida del ser del caso—). Por eso, a continuación se presenta la teoría de una forma metodológica enfocada en esa finalidad. Primero, su (la) definición. ¿Cómo se define *la teoría de derecho preventivo del consumo en la publicidad digital*? Es una teoría que hace referencia a que cada publicidad empresarial en medios digitales sea válida (a que la publicidad empresarial —es decir: la publicidad de una empresa mercantil. Comercial— en el medio digital sea válida). Es decir, es una teoría que hace que cada publicidad digital empresarial sea válida mediante la detección y armonización de sus variables (formales y materiales) para que, en consecuencia, sea eficaz (jurídicamente) y (eso) conlleve a su seguridad jurídica. Entonces, la teoría consiste en que cada publicidad digital empresarial sea válida porque logra (hace —permite—) un acuerdo del lenguaje (válido —al ser armónico con las normas que le aplican—) con el consumidor y se cumplen los deberes y gozan los derechos que le aplican al consumidor y a la empresa de acuerdo a los hechos del caso (en general: de acuerdo al caso —a la medida del caso—).

Se presenta una (esta) pregunta: ¿un mensaje promocional abstracto —en abstracto— (por ejemplo: un video o un afiche que no comunica —comunique— las cualidades y cantidades del producto involucrado —en el caso—) es engañoso de antemano? Se debe tener en cuenta que las empresas tienen el derecho de libertad (tienen el derecho a la libertad —tienen el derecho de la libertad—) para producir (en general: hacer —incluido: crear—) experiencias para el consumidor. El límite —de esa libertad. Sobre esa libertad. En esa libertad— (es decir: lo ilegal, o, propiamente, más que lo ilegal, lo inválido —porque lo ilegal es lo que va en contra de una ley y las normas jurídicas no solo son la ley. Las normas jurídicas son cualquier fuente de derecho. Como se expresó previamente, las normas jurídicas son cualquier elemento que sea necesario cumplir en el caso para sea válido, jurídicamente. Por ejemplo, la Constitución Política, los principios generales del derecho, la regulación sectorial, la autorregulación válida, etc.—) es la vulneración de un derecho del consumidor (lo inválido es la vulneración de un derecho del consumidor).

Entonces, si en ese caso ese mensaje (esa publicidad) en abstracto no vulnera ningún derecho del (no le vulnera ningún derecho al) consumidor no hay (no existe) ningún problema. Se debe hacer una precisión. Para saber cuándo se vulnera o no se vulnera el derecho del consumidor se debe acudir a las normas jurídicas (a las normas del Estado o de los Estados involucrados en el caso) que consagren (directamente) deberes y derechos. Pero, también, en el caso se debe verificar (así no exista una norma que indique un derecho y/o un deber específico) si materialmente no se va a vulnerar un derecho del (no se le va a vulnerar un derecho al) consumidor como (una) consecuencia de (a causa de —como efecto de—) la publicidad. No solo hay que basarse en las normas. También hay que basarse en los hechos. Lo diligente es basarse tanto en las normas como en los hechos. Para asegurar que las normas se cumplen (a nivel formal y material —propiamente: se cumplen—) porque los hechos las materializan (los hechos coinciden con el deber ser jurídico de esas normas) y en consecuencia no tendrán un efecto inválido —tendrán un efecto válido— (en definitiva: se debe asegurar que el caso sea válido haciendo que sea armónico con las normas que le aplican. Lo que tiene como efecto no se vulnere —porque su efecto es que no se vulnera— el derecho del consumidor).

Por eso, si la empresa comunica su publicidad digital válidamente se anticipa a evitar malentendidos con el consumidor y asegura un acuerdo del lenguaje (válido) con él. Entonces ¿cuál es la diferencia entre una publicidad digital empresarial inválida y una válida? En la publicidad digital empresarial inválida (la empresa) no comunica y/o no informa (según el caso) asegurando el goce de los derechos del consumidor. Mientras que en la publicidad digital empresarial válida (con la teoría) la publicidad (la empresa por medio de su publicidad) comunica (cuando es *meramente comunicativa*) o comunica e informa (cuando es *comunicativa e informativa*), según el caso, asegurando el goce de los derechos del consumidor.

Entonces ¿cuál es la publicidad digital empresarial válida con la teoría? Si solo comunica (es decir: si es *meramente comunicativa*), su validez depende de que su creación, funcionamiento, comunicación, contenido y efecto no lesione ningún (un —el—) derecho del consumidor. Incluido: su validez depende de que no le aplique ningún deber de información. Porque, esto vulnera el derecho del (esto le vulnera el derecho al) consumidor a (de) recibir esa información (además de que el incumplimiento de ese deber tenga otras implicaciones para la empresa). Porque ya sabemos que si solo comunica no está informando. Y, si (a la publicidad —a la empresa en relación a la publicidad. A una publicidad—) le llega a aplicar algún deber de información y (la publicidad —la empresa por medio de su publicidad—) solo comunica (la publicidad) es inválida. Porque, no está cumpliendo (con) ese deber de información. No está (la empresa no está) informando lo que debe informar en la (su) publicidad.

Por eso, para saber (conocer), clasificar y definir si (cuando) la (una) publicidad puede y/o debe ser comunicativa (*meramente comunicativa*) o *comunicativa e informativa* se debe verificar si la (esa) forma de publicidad que se desea hacer (en general: si la forma de publicidad involucrada, en el caso) está avalada por el derecho. En general, se debe verificar si la publicidad está permitida, prohibida o condicionada (por medio de la detección y atención de las normas que le apliquen —aplican—). Y, se debe hacer de la forma que sea armónica con la forma que se indica (indique) en la norma o en las normas aplicables. De la forma que sea armónica con la forma definida en la norma o en las normas aplicables para ser válida (para que la publicidad sea válida).

Si (cuando) —la publicidad— está avalada (propiamente: si la publicidad está permitida, bien sea a nivel general o bien sea condicionándola a que cumpla unos elementos, según el caso), lo que se debe hacer es ser (se debe ser) diligente en definir si es mejor hacerla comunicativa (es decir: si es *meramente comunicativa*) o *comunicativa e informativa*. Es un tema (es cuestión) de estrategia. En general, es una cuestión de diligencia. Se debe ser diligente en determinar la mejor estrategia (es decir: el modelo de gestión general) y la mejor táctica (es decir: la forma específica de aplicar la estrategia) para hacer las etapas de la publicidad (es decir, para hacer las siguientes etapas: *la creación, el funcionamiento, la comunicación y la atención de la publicidad digital empresarial)* cumpliendo (con —aplicando—) la teoría (es decir: aplicando los pasos de la teoría en cada etapa de la publicidad). Es decir: se debe ser (la empresa debe ser) diligente en definir (incluido: prever) y hacer la publicidad digital empresarial válida (por medio de *la teoría de derecho preventivo del consumo en la publicidad digital* —aplicando la teoría. A la medida de la publicidad. A la medida del caso—). Propiamente: se debe ser diligente en prever y hacer el caso válido de publicidad digital empresarial (es decir: se debe ser diligente en prever y hacer que la relación jurídica, extracontractual y/o contractual, que se forma —forme— con base en una publicidad digital empresarial sea válida).

Por su parte, si comunica e informa (es decir: si es *comunicativa e informativa*), su validez depende de que su creación, funcionamiento, comunicación, contenido y efecto no lesione ningún derecho del consumidor. Incluido: que cumpla con cada deber de información que le aplique (aplica). Porque, como aquí (la empresa) —sí— está informando debe ser diligente en asegurar que la publicidad sea (es) armónica con las normas sobre (que establecen) deberes de información que le apliquen (aplican) —que le sean aplicables—. Propiamente (la empresa): debe ser diligente en asegurar que la publicidad sea (es) armónica con (cumpla —cumple—) las normas que le aplican (apliquen) —incluido: las relacionadas con deberes de información—. Ahora, no solo se trata de que no se vulnere el derecho del consumidor. En general, se trata de asegurar (de —una— forma propositiva —proactiva—) que el consumidor goce sus derechos.

Como complemento, se reitera: a más tardar al momento o en el momento en el que el consumidor va (vaya) a adquirir el producto debe obtener la información completa (suficiente, veraz y oportuna) del producto que va a adquirir. En el caso en el que el consumidor acepte la (una) publicidad y desee adquirir el producto o adquiera el producto. Porque, previo al momento de la adquisición, la publicidad puede ser comunicativa (*meramente comunicativa*) o *comunicativa e informativa*; según el caso, según sea válido y según la diligencia indique que debe (deba) ser comunicativa (*meramente comunicativa*) o *comunicativa e informativa*. Pero, en el momento (o, a más tardar) en el momento en el que el consumidor va (vaya) a adquirir el producto la publicidad debe ser *comunicativa e informativa* —debe ser informativa en el sentido de comunicarle al consumidor la información que sea necesaria para que el acto de adquisición sea válido en relación a esa publicidad. En lo que depende de esa publicidad. En lo que esa publicidad debe informar para que ese acto sea válido en relación a esa publicidad. En relación a la información que sea necesaria que la empresa le comunique al consumidor para que ese acto sea válido— (para asegurar el consentimiento válido del consumidor. Y, para asegurar que el consumidor —realmente— comprende lo que va a adquirir y lo acepta).

Llegamos a unos mensajes de cierre. Por un lado, la publicidad no siempre es una oferta mercantil. ¿Qué significa una oferta mercantil? Significa la invitación a (para) celebrar un negocio. No todas las publicidades (no toda la publicidad —la publicidad no siempre—) invitan (invita) a celebrar un negocio. Puede que solo tengan comunicación. Puede que la publicidad sea *meramente comunicativa*. O, puede que la publicidad sea *comunicativa e informativa*, pero (puede que) la información no sea una oferta. Puede que sean afirmaciones parciales. Puede que sean afirmaciones individuales. Puede que sean afirmaciones específicas. Propiamente: puede que sean afirmaciones que no tengan la naturaleza (jurídica) de una (la) oferta (mercantil).

Por eso, solo existe (es —solo se trata de—) una (la) oferta (mercantil —comercial—) cuando es (existe) —cuando se comunica— (cuando la empresa comunica —cuando, objetivamente, para el consumidor la empresa le comunica— en su publicidad) una (la) invitación a celebrar un negocio y se indican todos los elementos de ese negocio (en la —en esa— publicidad). Incluido: o, según el caso, solo existe una (la) oferta mercantil cuando se deban (debieron —debió—) indicar los elementos de ese negocio. Cuando (en el caso en el que) al consumidor le parezca que la publicidad (objetivamente) le comunica una oferta, aunque la empresa no lo considere así. Porque, objetivamente se trate de una invitación a celebrar un negocio. Pero, la empresa no indique (no indica —No haya indicado. No indicó—) todos los elementos de esa invitación. Generando confusiones. Propiamente: haciendo que la publicidad sea inválida (por el —debido al. Con base en el— incumplimiento de los deberes de información que le aplican —aplicaron. Aplicaban—).

En ese (este) caso, aunque la empresa no comunique (comunicó — no haya comunicado—) todos los elementos de la invitación a celebrar el negocio (sí) es lo que debió haber hecho para que esa publicidad hubiera sido, hubiese sido, válida (y: para que el acto de adquisición del producto, en caso de haberse adquirido por parte del consumidor, fuera válido. Porque: si no se comunicó la información que se debió comunicar — haber comunicado— existe un vicio en el consentimiento del consumidor). Por eso (en general): cuando la publicidad trata de ser *meramente comunicativa,* pero uno o varios de sus mensajes se perciben, objetivamente, por el consumidor como información la publicidad se sujeta a los deberes de información que le aplican (apliquen) a esa clase o clases de mensajes, según el caso. Entonces: cuando es (sea) válido hacer (la —una—) publicidad *meramente comunicativa* lo diligente es comunicarla de una forma en la que se perciba como *meramente comunicativa*. De lo contrario: no es *meramente comunicativa.*

Entonces, la publicidad no siempre es una oferta mercantil. Todo depende del caso. Siendo necesario aclarar que la oferta mercantil se clasifica en: 1) Oferta mercantil (oferta comercial), propiamente dicha. Es la oferta dirigida a una persona o a un grupo de personas específicas. Determinadas. Es decir, es la oferta dirigida a un (al) receptor particular; y 2) Policitación. Es la oferta dirigida a personas indeterminadas. Al público en general. A todo tipo (toda clase) de consumidores. Es decir, es la oferta dirigida a un (al) receptor universal. Por eso, cuando en la publicidad (sí) existe una oferta mercantil la empresa debe ser diligente en definirla, hacerla y atenderla (cumplirla) de la forma que haga el caso válido.

Incluido: se deben cumplir (debe cumplir con. Debe cumplir) los deberes de información que (le) sean aplicables (que le apliquen. Que le aplican) tanto a esa oferta (a la oferta involucrada), en particular (por ejemplo: los deberes de información relacionados con el precio del producto, la forma de entrega del producto, los medios de pago del producto, la calidad del producto, etc.), como a la publicidad, en general, según el caso (a la medida del caso). Y, cuando en la publicidad existe (exista) una oferta, la empresa debe ser diligente en desarrollar —propiamente: en tener. Incluido: aplicar— capacidad de síntesis (debe ser diligente en ser sintética) para que la (su) publicidad sea agradable para el consumidor y, a la vez, cumpla los deberes de información que le apliquen (aplican).

En general: la empresa debe hacer su publicidad de la forma (más) —de una forma— simple que la haga (que haga que sea) válida (jurídicamente). En eso consiste la (su) diligencia. La diligencia (mercantil —comercial—) a su cargo. La diligencia que le aplica (a la empresa). En hacer (en que haga) su publicidad de la forma más efectiva —propiamente: de la forma efectiva— (es decir: más eficiente y más eficaz —propiamente: de la forma eficiente y eficaz—) que la haga válida. Por eso, la diligencia es hacer la publicidad de la forma simple que la haga válida.

Tal como se ilustró con el ejemplo del *iceberg* (témpano de hielo): el consumidor debe percibir la publicidad como la punta de un *iceberg* (es decir: debe permitirse que el consumidor la perciba de una forma simple —minimalista—), aunque tenga (exista) un trasfondo robusto. Lo que es determinante tanto en la *publicidad meramente comunicativa* como en la *publicidad comunicativa e informativa*. Teniendo (más) énfasis en la *comunicativa e informativa*. Porque, si es (si se comunica —si se trata de—) una publicidad con (un) exceso de información que no haga (que no logre —que no permita—) un acuerdo del lenguaje (válido) con el consumidor no es atractiva (puede que no sea atractiva o que pierda atractivo, según el caso —incluido: puede afectar la reputación de la empresa—) para él (para este —para el consumidor—) y no es válida. Es una publicidad inválida. Porque el exceso (así como la falta) de información es desinformación.

Por eso: se debe tener capacidad de síntesis para comunicar lo (que sea) exigido por la norma —o, las normas, según el caso— que sea aplicable (que sean aplicables, según el caso). Pero, la síntesis solo es válida si se hace de una forma diligente. La síntesis solo es válida si es diligente. Es decir, si hace que la publicidad sea válida (jurídicamente) —si hace que la publicidad comunique lo que sea exigido por la norma o las normas que le aplican de una forma que cumpla con estas. Con ellas. Con las normas. Propiamente: de una forma que cumpla con las normas que le aplican a la publicidad y, en general, al caso. Según el caso—.

Incluso, para informar bien (válidamente —diligentemente. De forma diligente—) las cosas hay que (se debe) entender que no solo se trata de informar. Se trata (es) de comunicar la información. De comunicarle la (esa) información al consumidor (de una forma que haga un acuerdo del lenguaje válido con él —con este. Con el consumidor—). Porque, no solo se trata de poner a disposición la información. No solo se trata de poner esa información a disposición del consumidor. No solo se trata poner esa información disponible para el consumidor. También se trata de comunicar la información. Esto (eso) es lo determinante (para hacer —lograr— el acuerdo del lenguaje válido con el consumidor —para que la empresa haga, logre, un acuerdo válido con el consumidor por medio de su publicidad digital—).

Existen diferentes (diversos) elementos diligentes para comunicar la información. Por ejemplo, las gráficas, los videos, etc. Por supuesto, las gráficas o los videos son complementarios cuando no comunican (toda) la información que se deba comunicar de acuerdo a las normas que apliquen (aplican) en el caso. Cuando no son (medios comunicativos de información —medios comunicativos informativos—) suficientes son complementarios a (de) los textos —en general: mensajes informativos— (completos) que debe tener la publicidad y el posterior contrato (en el caso de aplicar). Todo depende del caso. Se debe tener contexto. Se debe tener criterio para definir y hacer la publicidad (de una forma) válida. En definitiva: se debe ser diligente (a la medida del caso). Lo necesario (lo que es necesario —lo que es diligente—) es (hacer) lo que haga que la publicidad sea válida (según el caso). Lo diligente es hacer lo que sea necesario para hacer la publicidad válida (para hacer que la publicidad sea válida —jurídicamente—).

La información excesiva o que no se puede (pueda) percibir y/o comprender válidamente no es (realmente) información. No es comunicada la información. La información no se le comunica al consumidor. Que es lo que, en definitiva, busca (pretende —espera. Exige—) el derecho. Que al consumidor se le comunique la información. Que al consumidor le comuniquen la información. Para que este la perciba, comprenda y dimensione válidamente. Es decir, para que el consumidor la perciba, comprenda, atienda sus efectos y reciba (o, pueda recibir, según el caso) sus efectos —incluido: le sean atendidos sus efectos. Los efectos de la publicidad— válidamente.

Otro mensaje importante: tanto la publicidad en abstracto como la publicidad que se presenta bajo la forma (concreta) de la (una) oferta mercantil debe evitar la ambigüedad y la vaguedad en la interpretación del mensaje (por parte del consumidor). Es decir, que tanto la información textual (en texto —la información escrita—) como la información en audio e imagen —o la información que mezcla información de texto, de audio y/o de imagen, según el caso— (en general: cualquier clase de información en cualquier clase de medio y/o de soporte) debe presentarse de manera (de una forma) válida. Lo que significa: debe presentarse asegurando un acuerdo del lenguaje (válido) con el consumidor. Asegurando (haciendo) que el consumidor la perciba y comprenda válidamente.

Igualmente, la teoría *(la teoría de derecho preventivo del consumo en la publicidad digital)* se basa (incluido: basa su aplicación) en los siguientes elementos (mensajes). De una parte, la publicidad engañosa está prohibida, es inválida (es antijurídica —es contraria al derecho. A los axiomas jurídicos—). De otra parte, una publicidad puede tener fines reprochables (incluido: considerados como contrarios a la moral —incluido: a la ética, según el caso— que no esté —a la moral que no esté. Que no está— contemplada en las normas jurídicas, pero que rija —que gobierne. Que sea un mandato para. Que sea un mandato en. Que sea un imperativo en— el comportamiento de una o varias personas o que se fomente en un ambiente determinado que no sea una fuente de derecho vinculante —formalmente— en un Estado), pero puede ser válida (si es armónica con las normas aplicables en el caso —si no es opuesta a la naturaleza, el objeto y/o el alcance del derecho, entendido como el conjunto de las normas jurídicas aplicables en el caso. Si no es opuesta a la forma como le aplica el derecho—). Puede ser conforme al derecho. Puede ser conforme con el derecho. Propiamente: puede ser armónica con el derecho (porque: puede estar permitida por el derecho; bien sea porque existe la libertad de —para— hacerla —válidamente— sin sujetarse a una condición o porque existe la libertad de —para— hacerla —válidamente—bajo —si se hace bajo. Si se hace cumpliendo— una condición y se hace bajo esa condición —bajo esa forma. De esa forma—).

Por eso, se debe conocer el derecho. Para conocer lo que está permitido y lo que está prohibido (en el caso) —otra cosa es que se debe ser diligente para hacer lo que está permitido de una forma que sea válida. Según el caso, en el caso y a la medida del caso—. En el campo de la publicidad (de la publicidad digital empresarial), esto (eso) se logra si se conocen las variables (extracontractuales y/o contractuales, según el caso) de la publicidad y la forma como le aplica el derecho (a la publicidad —a esa publicidad—). En cada publicidad. En cada publicidad digital empresarial. En cada caso de publicidad digital empresarial. En el caso de publicidad digital empresarial. Dentro de eso (esto), es determinante conocer el producto (involucrado, directa o indirectamente en la publicidad —promovido, directa o indirectamente, en la publicidad—). Para saber qué libertades y qué límites tenemos en la publicidad (para conocer las libertades y/o los límites que existen en la publicidad —En cada publicidad. En el caso—).

Por eso, desde un (el) punto de vista de políticas públicas es (muy) importante que los ciudadanos (en general: que todos los seres humanos) se comprometan a participar activamente en la definición de (las) políticas públicas y de (las) normas jurídicas del Estado (involucrado).

Para (realmente) resguardar (propiamente: definir, hacer —incluido: crear, según el caso— y disfrutar) la calidad de vida —humana y no humana. Propiamente: la calidad de vida— (la calidad de vida del —en el. Para el— Estado involucrado). Y, se debe fomentar la creación, comunicación, adquisición y consumo de productos válidos (en todo el sentido de la palabra —que sean saludables, que su creación, comercialización, consumo y destinación final, propiamente: la destinación final de sus elementos, se haga de una forma que asegure la existencia y la evolución de los reinos animal y vegetal, etcétera—).

Ahora, es necesario precisar que la publicidad válida no solo es la que no es engañosa. La publicidad válida es la que cumple todas las normas (generales y especiales, según el caso) que (le) sean aplicables (en cada caso —a la medida del caso—). Por ejemplo, la publicidad de un producto de (para la) salud (del sector de la salud) debe cumplir, además, con la regulación sectorial (en general: con las normas especiales) que le aplique —apliquen— (aplica —aplican—), según el tipo (la clase) de —la naturaleza del— producto (de acuerdo al caso).

Por su parte, la publicidad válida es aquella que comunica de (una) manera efectiva (es decir: eficiente y eficaz. Porque: lo efectivo es lo eficiente y eficaz —eficiente significa hacer el mejor uso de los recursos, disponibles, para hacer, para lograr, para desarrollar algo. Eficaz significa lograr la finalidad de algo. Que algo logre su finalidad. Que se logre la finalidad. Lograr la finalidad—) los deberes de información que sean aplicables en cada caso concreto —en cada caso— (cuando la publicidad sea o deba ser *comunicativa e informativa*) y asegura los derechos que tenga el consumidor (en dicho caso).

A la vez, según el caso, los medios digitales permiten que se haga una (la) publicidad a la medida del caso. La métrica y la precisión que permite lo digital hace posible que la publicidad se haga a la media del caso (según el caso —cuando la diligencia define que el medio digital es necesario para hacer una publicidad, una publicidad digital empresarial, a la medida del caso porque es posible que la haga, porque es posible hacerlo, y porque es la forma necesaria para que la publicidad y, en general, el caso sea válido—). Porque, la publicidad valida (*en la teoría de derecho preventivo del consumo en la publicidad digital*) es la publicidad que se hace a la medida de las variables del caso. Propiamente: en la teoría (en esta teoría) la publicidad válida es la publicidad a la medida del caso. La publicidad a la medida del caso es la publicidad válida en la teoría. Por ende, los medios digitales permiten que se cree (incluido: haga) validez, eficacia y seguridad jurídica en este campo (según el caso, en el caso y a la medida del caso).

Lo importante es que se cumpla con (todas) las (lo importante —propiamente: lo determinante— es cumplir las) normas aplicables en cada caso (en el caso). Ese —este— (el) cumplimiento de las normas (solo) se logra (hace) cuando se hace (haciéndolo) de una forma armónica con las variables materiales del caso. O sea, lo importante (determinante) es que los hechos sean armónicos con el derecho que les aplica —propiamente: con las normas jurídicas que les aplican— (con la forma en la que les aplica el derecho —con la forma en la que el derecho le aplica al caso—). Esa es la forma de cumplimiento de las normas (jurídicas) en la teoría.

Entonces, la publicidad a la medida del caso es una (la) forma de asegurar su validez (jurídica). Lo importante (determinante) es que se realice (haga) de una forma idónea. Es decir, con diligencia (de una forma diligente). En este punto, la diligencia significa que se haga cumpliendo los fundamentos de la (esta) teoría. Por eso: la publicidad a la medida del caso es una forma de asegurar su validez. Lo importante (determinante) es que se realice (haga) con diligencia. Es decir: cumpliendo los fundamentos de esta (la) teoría.

Este mensaje concreta lo expresado: el derecho preventivo es igual a (=) la creación (creación) de validez (jurídica), lo (la) que genera eficacia jurídica (la validez jurídica genera —la— eficacia jurídica) y, si se genera validez y eficacia jurídica, se genera seguridad jurídica (la validez y la eficacia jurídica generan —la— seguridad jurídica) y, todo esto (la validez, la eficacia y la seguridad jurídica), genera (generan —generan la—) efectividad jurídica (es decir: eficacia y eficiencia del derecho en el caso concreto —en el caso—). Por eso, cuando existe validez, eficacia y seguridad jurídica existe efectividad jurídica. Entonces: cuando existe efectividad jurídica existe derecho preventivo. Propiamente: hacer derecho preventivo es hacer validez jurídica (en el caso). Es hacer el caso válido (jurídicamente. En definitiva: hacer derecho preventivo es hacer efectividad jurídica (en el caso).

Entonces, agrupando las ideas y permitiendo un mensaje pertinente ¿Cuál es la forma o cómo es la forma de hacer publicidad digital empresarial válida con *la teoría de derecho preventivo del consumo en la publicidad digital*? Basándose en cuatro momentos (propiamente: en cuatro elementos): 1) Cumpliendo (armónicamente) las normas (generales y especiales) que le apliquen (aplican) a su creación, funcionamiento, comunicación y atención; 2) Comunicándola de una forma que logre (haga) un acuerdo del lenguaje (válido) con el consumidor; 3) Asegurando que el consumidor comprende (comprenda) el producto antes de su adquisición (incluido: antes de su consumo. Porque: si comprende el producto antes de su adquisición puede comprender el producto antes de su consumo. Salvo que lo consuma una tercera persona —salvo que una tercera persona lo consuma—. Es decir: salvo que lo consuma una persona que no es —que no sea— el consumidor que adquirió el producto. En ese caso: la empresa debe ser diligente, en lo que depende de su perfil jurídico en el caso, en cumplir los deberes de información que deba comunicar el producto, como tal —es decir: debe ser diligente, en lo que depende de su perfil jurídico en el caso, en prever y hacer que el producto incluya la información exigida por los deberes de información que le aplican, en caso de aplicarle, en relación a ese tema. Y: el consumidor adquirente del producto debe ser diligente, en lo que depende de su perfil jurídico en el caso, en prever y hacer que el producto se consuma de una forma armónica con la información empresarial que recibió sobre el mismo, sobre el producto, antes de su adquisición, en el momento de su adquisición y/o antes de su consumo; tanto por medio de la publicidad como por cualquier otro medio de la empresa o que represente válidamente a la empresa, según el caso. Entonces: la tercera persona que consuma el producto debe ser diligente, en lo que depende de su perfil jurídico en el caso, en prever y hacer que el consumo, que su consumo, se base en esa información y, en general, en la información de la empresa que, como tercera persona, recepcione y perciba válidamente por uno o varios medios, según el caso. Es decir: en la información que la empresa le haya comunicado al consumidor adquirente, por medio de la, de su, publicidad, y en la que la empresa haya comunicado en su producto, o, en cualquier otro medio de la empresa o que represente válidamente a la empresa, y haya sido o sea recepcionada y percibida válidamente por esa tercera persona, según el caso—); y 4) Ofreciendo (incluido: haciendo, según el caso) productos y modelos de negocio que sean armónicos con las normas.

Por eso: la publicidad digital empresarial es válida si (cuando) es armónica con los deberes y derechos que le aplican (apliquen). Esto permite la siguiente afirmación: en la teoría (*la teoría de derecho preventivo del consumo en la publicidad digital*) el derecho aplica a la medida del caso. Y: Solo con la investigación se puede detectar la medida del derecho en el caso. Incluido: solo con la investigación se pueden detectar, conocer y establecer las premisas de validez jurídica de un sistema de publicidad digital empresarial.

Todo lo anterior (en general: esta obra) nos lleva a este —al siguiente— axioma (a este elemento estructural) de la teoría: *la teoría de derecho preventivo del consumo en la publicidad digital empresarial* es como un cubo de *Rubik*. Para lograr la validez jurídica de la publicidad digital empresarial se deben detectar y armonizar (todas) —de una forma diligente. Con diligencia. Diligentemente— las variables (formales y materiales) del caso (a la medida del caso —incluido: a la medida de la forma en la que le aplica el derecho, al caso—). Porque, la publicidad digital empresarial (solo) es válida a nivel jurídico —es válida jurídicamente— si (todo) su modelo (si todo su sistema —en general: si todo su ser—) es válido (si su ser es armónico —propiamente: coincide— con su deber ser jurídico. Con las normas aplicables. Con la forma en la que le aplica el derecho).

Entonces: validez jurídica de la publicidad digital empresarial es igual a (=) validez (jurídica) en la creación, el funcionamiento, la comunicación y la atención de la publicidad digital empresarial. Por ende, la función humana de la teoría consiste en que fomenta la validez jurídica (y dentro de esta la transparencia y la calidad de vida) en las relaciones (jurídicas —extracontractuales o contractuales, según el caso—) de (creadas con base en una —formadas con base en una. Creadas con base en la. Formadas con base en la—) publicidad digital entre la empresa y el consumidor.

Para recordar, *la teoría de derecho preventivo del consumo en la publicidad digital empresarial* consiste en detectar y armonizar lo siguiente: la forma de creación, funcionamiento, comunicación y atención de la publicidad digital empresarial, la naturaleza del producto y los derechos y deberes del consumidor y de la empresa. Lo que crea una publicidad digital empresarial válida gracias a la teoría *(de derecho preventivo del consumo en la publicidad digital).*

Bases de la Teoría de Derecho Preventivo del Consumo en la Publicidad Digital de Camilo Alfonso Escobar Mora se imprimió en la República Argentina en mayo de 2019.

Made in the USA
Monee, IL
18 October 2026

66035235R00042